JOSÉ AZCONA BOCOCK

DESPACHOS DE PRENSA 1890-1900

(Lo que publicó la prensa internacional sobre Honduras).

ERANDIQUE

COLECCIÓN

DESPACHOS DE PRENSA
(Lo que publicó la prensa internacional sobre Honduras).
José Azcona Bocock

©Colección Erandique
Supervisión Editorial: Óscar Flores López
Diseño de portada: Andrea Rodríguez-Lilyana Gálvez
Administración: Tesla Rodas y Jessica Cordero
Director Ejecutivo: José Azcona Bocock

Primera Edición
Tegucigalpa, Honduras—Julio de 2024

INTRODUCCIÓN

Este libro es producto de una curiosidad difícil de satisfacer. Recuerdo desde que estudiaba en la Academia Militar en Estados Unidos podía pasar largas horas buscando información sobre Honduras en periódicos antiguos, que se guardaban en micropelícula. Las dificultades de hacer trabajos de investigación con este sistema son considerables, menores que las de hacerlo con ejemplares físicos pero aun de gran monto. Esto requiere una búsqueda visual de la totalidad de la publicación, lo cual es extremadamente cansado y lento.

No soy un historiador profesional o un académico, sino simplemente un ciudadano hondureño que ama su historia. Veo con algún grado de tristeza cómo a lo largo del tiempo la mayor cantidad de texto escrito sobre Honduras es generado en el exterior. Aunque recurra a fuentes extranjeras, creo es importante una mayor proporción de este producto sea de origen hondureño.

Los avances en la tecnología nos permiten acceder con mayor facilidad a la información, volviendo accesibles las bases de datos de las publicaciones. Las herramientas de búsqueda permiten cruzar términos que nos seleccionan una masa menor de documentación. Posteriormente esta se analiza, se lleva a un formato de texto y se traduce.

La intención de esta obra es obtener la voz de los protagonistas y testigos de la historia lo más cerca del origen posible. Estas fuentes son británicas y norteamericanas, pero recogen documentos y testimonios inmediatos a los acontecimientos.

No son desinteresados muchas veces los análisis (se ve la enorme diferencia entre las fuentes de ambos países en el inicio de este periodo, donde eran rivales por lograr agrandar sus esferas de influencia), pero generalmente repitan la objetividad de la información, por lo que son registros confiables de los acontecimientos. Aun la visión particular tiene su valor histórico, ya que nos refleja los designios de los distintos estados.

La obra pretende recopilar las fuentes sin ningún tipo de edición o comentario más allá de colocarlas en su orden cronológico, citar la fuente adecuada, y asegurar una traducción lo más literal posible. Considero que editar la traducción para que refleje un lenguaje más moderno, o compensar errores de descripción o nombramiento, resultaría en un cambio del original.

Todos estos archivos están en el dominio público (libre acceso y reproducción) bajo la legislación de sus países de origen. Igualmente, agradecemos a The Economist, The Times (Londres), The New York Times, Philadelphia Inquirer, y New York Evening Post, por haber publicado y conservado esta valiosa información.

El trabajo en sí es una obra multinacional, con participación de varias personas alrededor del mundo. Agradecemos a: Investigadora de fuentes Ma Victoria Acuña, de la Universidad de Santo Tomas de Manila, (Filipinas). David Ruiz, traductor y editor (Perú). Violeta Vasilopoulou, coordinadora de equipo (Grecia).

Quiero agradecer a mi esposa Pamela Ayuso, que ha conocido y apoyado este proyecto desde el principio. Ella aportó acceso a su estructura de investigación (el equipo internacional de contratistas), la cual ha desarrollado para su carrera de autor. Además de esto, su esfuerzo por crear obras intelectuales es una inspiración importante. A mis padres Miriam Bocock y José Azcona Hoyo por transmitirme arraigo e identificación con mi nacionalidad y su historia, a través de incontables anécdotas e historias. Y a mis tres niñas (Amanda, Alicia, y Abigail), que representan la alegría y la esperanza de un mejor futuro que construiremos al conocer nuestro pasado.

Esperamos esta obra sea de interés general, ya que contiene información histórica importante sobre el pasado de Honduras. Adicionalmente, esperamos sea de utilidad a los investigadores históricos, brindándoles información útil y traducida al español.

METODOLOGÍA Y NOTAS SOBRE FUENTES.

La transmisión de información en este periodo se hacía vía carta o telegrama, requiriendo transcripción, composición litográfica, e impresión. Adicionalmente, no existían (hasta el final del periodo) verdaderas agencias de noticias que divulgasen un despacho a diferentes diarios. Por tanto, él envió de los corresponsales aparecía publicado en un periódico, y luego este era republicado por otros.

Esto resulta en dos diferencias importantes con respecto a los niveles de calidad esperados en publicaciones en la actualidad. Uno de ellos tiene que ver con la inmediatez de la información. La misma puede aparecer en fechas distintas según la vía por la que llegó a publicación, y esta puede incluir información incorrecta o fragmentaria que no ha podido ser corregida.

La segunda tiene que ver con la calidad del texto en sí, efecto magnificado cuando se trata de traducciones. Recordemos la cantidad de errores que pueden surgir en todas esas fases de transcripción, y considerar el hecho que el corresponsal en estos tiempos no significaba un periodista acreditado, sino cualquier persona en el sitio que cruzara cartas con el diario.

Adicionalmente, las convenciones sobre nombres geográficos o aun personales, eran mucho más relajadas que en la actualidad. El mismo nombre se puede reflejar de distintas formas, aun en el mismo despacho. Dentro de lo posible, hemos pretendido conservar estas peculiaridades para poder acercarnos más al mundo intelectual de nuestras fuentes.

El ordenamiento de los despachos es por orden cronológico de publicación. Basado en lo anteriormente descrito, estos pueden tener variabilidad con la fecha del acontecimiento. Este máximo puede ser hasta dos meses (al inicio del periodo) hasta una semana (al finalizar) reflejando esta disminución el avance en la calidad de las comunicaciones. Se hace una atribución al medio de publicación, coincidiendo la edición con la fecha asignada.

LAS NACIONES ARBITRARÁN
Representantes de nueve repúblicas americanas firman el tratado de arbitraje.

Washington, 28 de abril.

Representantes de nueve repúblicas americanas firmaron el día de hoy el tratado de arbitraje en la oficina del secretario Blaine del Departamento de Estado, es decir: Los Estados Unidos, Guatemala, Nicaragua, El Salvador, Honduras, Bolivia, Ecuador, Haití y los Estados Unidos de Brasil. Se espera que se añadan pronto otras tres firmas y sellos, y se espera que las firmas de todas las potencias se consigan en el transcurso del verano y otoño.

Varios de los ministros se quedaron a pesar circunstancias inconvenientes para completar su adhesión al tratado. Se siente un gran entusiasmo en el Departamento de Estado debido al rápido progreso de esta medida tan importante. Se explica que la Conferencia Internacional solo podía recomendar, y que fueron los ministros plenipotenciarios regulares acreditados los que firmaron el tratado el día de hoy para referencia a sus respectivos gobiernos.

El Sr. Mendonca, de Brasil, trajo consigo una pluma y base de oro, ambos perfectamente nuevos y que se utilizarían por primera vez cuando se completara el documento brasileño. El Dr. Cruz, de Guatemala, y Camaano, de Ecuador, trajeron provisiones similares, y las plumas que trajeron se usaron en sus propias copias del apreciado acuerdo por todos los otros ministros plenipotenciarios.

Fuente: Philadelphia Inquirer

CENTROAMÉRICA

Un tratado provisional de unión fue firmado entre las repúblicas de Guatemala, Honduras, El Salvador, Costa Rica y Nicaragua el pasado mes de octubre, y ha sido aprobado por las legislaturas de los tres primeros; y habiendo sido ratificado por una mayoría, toma efecto en cuanto a ellos, mientras que la adhesión de los otros dos se espera dentro de poco. Estas antiguas repúblicas ahora se convertirán en estados de la República de Centroamérica, y preservarán entera soberanía en todos sus asuntos internos. La autoridad ejecutiva será ejercida por un gobierno común, que consistirá en un presidente por un año elegido por cada estado en turno, según determinado por lote; habrá un consejo compuesto de un miembro por cada estado y una asamblea, a la que cada estado debe mandar quince representantes.

Las funciones de la autoridad ejecutiva son las de lidiar con cuestiones de relaciones exteriores, de calmar diferencias entre los cinco estados —quienes no harán guerra en contra de ellos bajo ninguna circunstancia— para proveer la defensa de la república, y de tomar pasos para harmonizar las leyes de los cinco estados. La asamblea deberá reunirse por primera vez el 20 de agosto próximo en Tegucigalpa, la capital de Honduras, para inaugurar los nuevos arreglos constitucionales. Si este tratado de unión es llevado propiamente, sus resultados serán totalmente beneficiosos. La prosperidad de estos países debe promoverse mucho con medidas calculadas para mantener la paz entre ellos, y estas medidas sin duda tenderán a evitar conmociones internas, que a menudo han tenido su principal influencia en las cuestiones relacionadas con la política de los estados vecinos. Se debe alcanzar así la seguridad para el desarrollo de los recursos de estos países por empresas extranjeras.

No está claro qué curso se planea tomar en cuanto a las tarifas de aduanas. Los estados americanos son, en gran medida, dependientes de los ingresos así obtenidos. Si la república unida adopta una política de impuestos aduanales basada en principios fiscales sólidos, aumentará grandemente su comercio en cuanto a la exportación de sus productos y a la importación de bienes extranjeros necesitados.

Fuente: The Economist

UN CARGAMENTO DE HOMBRES ENFERMOS.

Recurren a medidas desesperadas para salir de Honduras Hispana.

NUEVA ORLEANS, 4 de julio. El buque de vapor Professor Morse arribó esta mañana desde Honduras hispana con más de 260 pasajeros a bordo, todos con apariencia pálida y enfermiza y muchos demasiado débiles para caminar. Un hombre murió tan pronto como descendió del barco. Algunos son trabajadores de occidente que fueron inducidos a viajar hacia el sur para trabajar en las plantaciones frutales.

Ellos cuentan que no tenían suficiente comida ni abrigo y que exigieron ser enviados de vuelta. Se hicieron arreglos para que un barco los transportara a finales de junio, pero renunciaron antes de eso y acamparon en la playa hasta que llegó el buque de vapor Oteri; entonces obligaron a los oficiales para que los llevaran a bordo. El Oteri era muy pequeño y los transfirió al Professor Morse, que los llevó hasta Quarantine, en donde estuvieron detenidos diez días y murieron cuatro hombres. El buque los ha demandado por el dinero del pasaje y ellos, por su parte, abogan que los hicieron pasar hambre. La Junta de Salubridad ha hecho una investigación y descubrió que 163 de los pasajeros estaban enfermos al momento de subir al barco, padeciendo de fiebres biliosas y palúdicas, hidropesía y disentería. Seis pasajeros murieron en total, y todos exhiben rastros de envenenamiento por malaria debido a no estar aclimatados en el territorio en el que fueron contratados. No se encontraron enfermedades contagiosas a bordo.

Fuente: The New York Times

PARA CAPTURAR AL COMANDANTE BURKE
Detectives buscan al desfalcador de Luisiana En Honduras.

Nueva Orleans, 19 de julio.

En su más reciente sesión, los legisladores de Luisiana establecieron una recompensa de $15,000 por la captura del antiguo Tesorero de Estado Burke, que ahora se dedica a la minería en Honduras. Un caballero que llegó recientemente de ese lugar dice que varios detectives han ido a Honduras en los últimos días, al parecer con la intención de atrapar al comandante Burke y regresarlo a Luisiana y así poder obtener la recompensa ofrecida por el Estado. El comandante Burke está consciente de esta misión y parece estar muy preocupado y nervioso.

El extesorero es muy popular con la gente de Honduras y sus operaciones mineras parecen ser exitosas. Se dice que el comandante Burke sufre de un caso muy severo de catarro nasal. La enfermedad le ha afectado de forma significativa la superficie central del lado derecho del órgano y rápidamente se extiende hacia el lado izquierdo, causando una considerable hinchazón de la nariz. Sin embargo, se le realizó una operación con la intención de revisar los estragos de la enfermedad. El órgano estaba tan afectado que, después de hablar por algunos momentos, el comandante Burke se veía obligado a tapar sus fosas nasales presionándolas entre su pulgar y dedo índice para poder respirar.

A parte de esto, la salud del comandante Burke se describe como buena. Nunca habla sobre sus problemas en Luisiana, pero frecuentemente expresa su deseo de regresar a los Estados Unidos. Cockerton, su antiguo empleado y agente confidencial, está con él.

Fuente: The New York Times

LA GUERRA CENTROAMERICANA

Por el presente, la guerra centroamericana es entre Guatemala, como el más importante, y El Salvador, el menos importante, de las cinco repúblicas, con el conflicto inicial entre el ejército invasor de Guatemala, reportado como de 9,000 activos, y las fuerzas salvadoreñas, resultando en favor de este último.

Al final, puede que los otros países se vean involucrados en el conflicto, con Honduras (país del que se dice que ya ha formado una alianza con Guatemala) de un lado, y Nicaragua y Costa Rica del lado de El Salvador. El propósito de Guatemala es seguir con el plan de Barrios de formar una federación de los cinco países, plan que es favorecido por este país y por Honduras, y al que se oponen los países más pequeños debido al temor que sienten por el poder mayor que tendrían los países más grandes en la unión. Las causas que operan para prevenir una unión centroamericana son, por lo tanto, algo similares a las que retrasaron el establecimiento de nuestra propia nación.

Los países centroamericanos establecieron una unión en 1823 inmediatamente después de su separación de España, pero debido a envidias seccionales y la ambición de líderes locales, tan solo duró dieciséis años. Después del fracaso de Barrios para reestablecer esta unión por medio de la fuerza, se acordó un tratado hace un poco más de un año en el que se estipulaba que cualquier dificultad entre los cinco países debería arreglarse mediante el arbitraje de los Estados Unidos, la República de Argentina, Chile, México, Suiza o cualquiera de las grandes potencias europeas. Este tratado parece no haber estorbado en los propósitos ambiciosos del General Barillas, de Guatemala, quien, de acuerdo a informes de El Salvador, se ha dedicado a establecer un presidente en El Salvador que favorezca a la unión centroamericana.

Ya Guatemala tiene más de la mitad de la población de Centroamérica, y sus ingresos exceden a los de las otras repúblicas combinadas. El Sr. Frank Vincent, cuyo libro "Centroamérica" acaba de ser publicado por Appletons, dice sobre el ejército de El Salvador que sus tropas eran en su mayoría muchachos de apariencia salvaje, no aseados, frecuentemente descalzos, y armados con rifles Remington, que al tener sus bayonetas puestas parecían el doble del tamaño de sus portadores. Pero, a pesar de su apariencia, han ganado la primera batalla, y en su turno se han convertido en invasores.

Se ha invertido una gran cantidad de capital norteamericano en las minas de Honduras, y una compañía ha usado 2,000 mulas para cargar la plata hacia la costa. En consecuencia, las personas de este país tienen más que un interés amistoso en una guerra en la que puede que todas las repúblicas se vean involucradas. No se puede dudar que en muchos aspectos una unión centroamericana es algo deseable bajo el principio tan claramente expresado por el Sr. Lincoln cuando dijo que, si los estados norteños y sureños de la unión norteamericana no podían concordar como una sola nación, ciertamente no podrían hacerlo como dos naciones.

No debería ser una imposibilidad para los países centroamericanos acordar una base para una unión que eliminara las objeciones razonables de los países más pequeños. Pero los prejuicios muy arraigados de estos países hacia el plan, demostrados por las revoluciones en contra del presidente salvadoreño que lo favorecía, seguramente permanecerán a pesar de la determinación de Guatemala de llevar a cabo una unión por la fuerza, aunque, por supuesto, una fuerza superior podría acabar con la oposición y tener éxito al establecer una unión centroamericana.

Fuente: Philadelphia Inquirer

1890-julio-22

EL EXTESORERO DE ESTADO DE LUISIANA SERÁ TRAÍDO DE VUELTA

Nueva Orleans, 21 de julio.

La Legislatura de Luisiana, en su sesión reciente, acordó establecer $15,000 como recompensa por la captura del extesorero de estado Burke, ahora ocupado en la minería en Honduras. Un caballero que recientemente llegó desde ese lugar dice que varios detectives han ido a Honduras recientemente con la supuesta intención de capturar al mayor Burke y regresarlo a Luisiana, con la esperanza de obtener la recompensa ofrecida por el estado.

El mayor Burke está consciente de su misión y parece encontrarse muy preocupado y nervioso. El extesorero es muy popular entre las personas de Honduras, y sus operaciones mineras parecen ser muy exitosas.

Fuente: Philadelphia Inquirer

1890-julio-28

GUATEMALA Y EL SALVADOR
Ambos lados alegan la victoria — Los salvadoreños superados en número.

Richfield Springs, Nueva York, 27 de julio.

Un mensaje cifrado que se recibió aquí hoy por un funcionario del gobierno de Guatemala dice que Guatemala acepta la guerra provocada por San Salvador y la continuará hasta que San Salvador elija a un presidente en lugar de Ezeta. La batalla que se peleó el día 23 de este mes, dice el mismo mensaje, resultó en la derrota de los salvadoreños, pero, como El Salvador controla el cablegrama hacia Centroamérica, solo permite que se envíen mensajes favorables para sí mismo al extranjero.

El telegrama también afirma que las armas tomadas del barco a vapor *Colinea* fueron tomadas con el consentimiento del agente de la Pacific Mail y del ministro estadounidense, en virtud del artículo 17 del contrato de la Pacific Mail.

El comunicado también dice que Honduras permanecerá neutral por el momento, pero pudiera unirse a Guatemala si los eventos así lo requirieran. Guatemala tiene 40,000 hombres armados y Honduras 65,000, mientras que San Salvador, dice el comunicado, solo tiene unos 10,000.

Fuente: Philadelphia Inquirer

1890-julio-29

Mientras las calles de una capital hispanoamericana están siendo barridas por balas y racimos de metralleta, los Estados de Guatemala y San Salvador están variando la monotonía de la existencia de Centroamérica en su forma tradicional. Han levantado una pequeña guerra, que ha sido complicada (según los últimos informes) por una revolución en la capital guatemalteca. Por un tiempo parecía incierto el si realmente había una guerra o no, pues el ministro guatemalteco en este país respondió al informe con una contradicción categórica. Suponemos que ha modificado sus convicciones sobre esta cuestión; pero este asunto sigue envuelto en una gran cantidad de misterio. Hasta donde ha sido posible confiar en los telegramas que llegan hasta el mundo exterior, parece ser que el presidente Barillas, de Guatemala, emitió una proclamación en la que el Gral. Ezeta, de San Salvador, fue convocado, en nombre de la Unión de Centroamérica, para renunciar a su dictadura que él había usurpado. Esto fue seguido por una invasión sobre San Salvador por parte de un ejército guatemalteco.

El Gral. Ezeta respondió rápidamente ante los invasores, los derrotó en una lucha sangrienta en la que el número de los muertos y heridos se informa en alrededor de 1,000, y, por su parte, marchó hacia la capital de Guatemala. Mientras tanto, Barillas ha pagado el precio habitual por la derrota. Sus tropas, con su paga en mora, se amotinaron, mientras que la población de la ciudad de Guatemala gritó "¡Abajo Barillas!". Del mismo modo, nos llegan informes de bandas revolucionarias que están a punto de unirse a los salvadoreños. Por otro lado, los amigos de Guatemala nos han advertido que no creamos estos telegramas. Ellos afirman que la única comunicación telegráfica directa entre los beligerantes y el mundo exterior es por medio de La Libertad, la capital de San Salvador, en donde se encargan de que los mensajes solo digan su propia versión de la historia.

En estas circunstancias es difícil saber qué tanto creer. Pero los salvadoreños serían escritores excelentes si toda esta información circunstancial fuera invención pura. Suponemos que tiene algún sustrato de hecho, y que en el conflicto en curso los guatemaltecos han quedado en segundo lugar.

Pero, ¿cuál es la razón de la guerra? No es difícil discernir de los telegramas que los guatemaltecos se han dado a sí mismos el trabajo de representar la causa sagrada de la unidad centroamericana. Una unión centroamericana es una idea que ha jugado una parte clave en la política de esa región. Realizada hace setenta años y disipada de nuevo a la mitad del siglo cuando la Confederación de Centroamérica se dividió en sus partes constituyentes, fue revivida en el reciente Congreso Panamericano convocado por el gobierno de los Estados Unidos. Guatemala siempre ha sido un defensor prominente de la causa, con la condición tácita, por supuesto, de que el presidente guatemalteco en curso sea el primer presidente o dictador de los nuevos Estados Unidos. La proclamación del presidente Barillas (suponiendo que sea genuina) es, en efecto, una repetición curiosa de lo que pasó hace solo cinco años en el periodo de su predecesor, el presidente Barrios. En la tarde del 28 de febrero de 1885, la presentación de la ópera de *Boccaccio* en el Teatro Nacional de la ciudad de Guatemala se vio interrumpida por la presencia de un oficial uniformado en el escenario, quien leyó una proclamación por la que el presidente Barrios se declaraba a sí mismo Dictador y Supremo Comandante de toda Centroamérica, y les solicitó a los ciudadanos de las cinco repúblicas que reconocieran su autoridad.

Toda esa noche los guatemaltecos gritaron hasta quedarse roncos en apoyo al dictador Barrios y la Unión. Pero este golpe de estado realmente teatral no avanzó mucho. Fue un fiasco. Honduras fue el único Estado centroamericano que aceptó la Unión. San Salvador respondió que estaba satisfecho con su propia independencia y que sabía cómo defenderse ante un ataque. Nicaragua y Costa Rica respondieron de forma similar. México, siempre hostil ante la idea de una federación centroamericana bajo la supremacía de Guatemala, movilizó a un ejército de observación; y el Dictador Supremo tuvo que conformarse con una expresión platónica de parte del gobierno de los Estados Unidos de buena voluntad hacia una unión centroamericana siempre y cuando se alcanzara por medios pacíficos.

Si esta condición sueña extraña al provenir de la boca de un presidente estadounidense, se debe recordar que en el otoño de 1885 era un demócrata, el presidente Cleveland, el que estaba en el puesto. El final de todo esto fue que los ejércitos de Guatemala y San Salvador se encontraron en la frontera, y que Barrios perdió la vida en una escaramuza. Cabe mencionar que, en conexión con el trato que el presidente Barillas se dice está recibiendo a manos de sus súbditos, la turba guatemalteca pateó el cuerpo del hombre que los había gobernado exitosamente por doce años, apedrearon su casa y expulsaron a su viuda. Sobra añadir que la causa de la Unión cayó en desgracia junto con él.

Nos hemos expendido sobre el relato de este episodio ya que arroja bastante luz sobre la situación actual. Incluso la actitud de Honduras y México es muy similar. La tentación de imitar la política ambiciosa del presidente Barrios parece haber sido demasiado para el presidente Barillas. Puede que el Congreso Panamericano realmente haya revivido en él una ambición genuina para realizar la unidad de Centroamérica. Una responsabilidad seria está en las manos del Sr. Blaine y de los preparadores del Congreso si es que animaron a los delegados a creer que los Estados Unidos tomarían partido en esta causa.

Pero no nos inclinamos a atribuir el movimiento del presidente Barillas por completo a un entusiasmo tan respetable. Los términos de su proclamación nos llevan a sospechar alguna rencilla personal con el Gral. Ezeta, el presidente salvadoreño, y el reporte de que Ezeta (posiblemente acordándose de un celebrado incidente en la guerra entre Francis I de Francia y el emperador Carlos V) ha desafiado a Barilla a un duelo corroboraría esta sospecha. Es en nombre de la Federación de Centroamérica, sin duda, que el general ha sido convocado para abdicar; pero el objeto substancial de su ofensa es que ha usurpado las libertades de los salvadoreños.

Tal queja es casi cómica al provenir de cualquier presidente hispanoamericano. Probablemente ninguno de estos caballeros es no merecedor de una expulsión sumaria si se les juzga por el estándar constitucional. El presidente hispanoamericano es siempre un dictador de un tinte más o menos sanguinario. Puede que sea, y comúnmente lo es, de gran habilidad y muestre tanto interés y entusiasmo por el progreso según se lo permitan la indolencia de sus súbditos y la condición empobrecida de los recursos nacionales. Pero al ordenar la política del Estado lo último en lo que piensa es en consultar los deseos de los ciudadanos de una forma constitucional.

Su principal interés es ser temido y acumular una gran fortuna. En este último punto, él generalmente tiene tanto éxito que un argumento común a favor de reelegir a los presidentes para un segundo mandato es que pueden robar todo lo que quieran durante su primer mandato. Que el que se levante una mañana para descubrir que ha habido un *pronunciamiento* durante la noche y que se le condena a ser fusilado o expulsado es parte de los riesgos comunes del poder en esas regiones, de los cuales un hombre fuerte aprende a pensar muy a la ligera. Realmente no sabemos si haya mucho de donde elegir de entre una de estas repúblicas, así gobernada, y otra. Probablemente se logre establecer la Unión de Centroamérica en algún momento, pero, sin importar lo grandiosa que sea la idea, las simpatías del mundo siempre se inclinarán hacia el Estado que sea sometido, por el dolor de una invasión, para mezclar su individualidad con varias otras.

Esto es particularmente cierto cuando sus ciudadanos son tan patriotas como los salvadoreños, quienes tienen una docena o más de días como el "4 de julio" que son festividades para la comunidad. Cuando se añade que los salvadoreños son más industriosos y menos adictos que sus vecinos al hábito de "acostarse bajo el árbol de mañana" (frase hispanoamericana para referirse a la postergación), se verá que hay razón para estar contentos de que la agresión guatemalteca parece estar a punto de recibir un golpe devastador.

Fuente: The London Times

1890-julio-29
GUATEMALA Y SAN SALVADOR

Nueva York, 28 de julio.

Un comunicado proveniente de México informa que Don Castellanos, el ministro español de ese lugar, ha recibido información sobre la salida de dos buques de guerra españoles con destino a la costa de Centroamérica.

Se dice que varias bandas revolucionarias están merodeando cerca de la frontera entre Guatemala y México. Guatemala y San Salvador se apresuran para completar la concentración de sus respectivas fuerzas, y es la intención del gobierno de Guatemala el enviar sus tropas para superar en número a las fuerzas del enemigo, y espera tomar la ventaja sobre San Salvador esta semana.

Un telegrama desde La Libertad hacia el *New York Herald* dice que se informa de manera no oficial que los salvadoreños han avanzado hacia Jupitia y han derrotado de nuevo a los guatemaltecos. Se dice que Honduras tiene miedo de unírsele a Guatemala por temor a desatar revueltas internas. El cónsul general mexicano en Guatemala se ha quejado con su gobierno por la supresión de telegramas enviados por comerciantes y otros, aunque no contienen noticias sobre la guerra.

En la batalla llevada a cabo en Chingo los guatemaltecos perdieron 600 hombres, mientras que la pérdida en el ejército salvadoreño fue de dos oficiales y 87 hombres muertos y heridos.

De acuerdo con los informes recibidos aquí, las pérdidas en ambos lados durante las luchas de Guatemala y San Salvador hasta este momento llegan a más de mil hombres.

Fuente: The London Times

1890-julio-30

El ministro guatemalteco en México ha telegrafiado al cónsul de Guatemala en Nueva York informando que el gobierno de Guatemala ha aceptado la guerra con San Salvador, la cual fue provocada por el presidente Ezeta. Además, el mensaje afirma que los gobiernos de Honduras, Nicaragua y Costa Rica han firmado un tratado con Guatemala, demandando la renuncia del presidente Ezeta y el restablecimiento de un orden legal de las cosas en San Salvador.

Fuente: The London Times

1890-agosto-08

GUATEMALA Y SAN SALVADOR

Nueva York, 7 de agosto.

Noticias recibidas aquí desde México declaran que 3,000 revolucionarios guatemaltecos al mando de los generales Estenislas,

Sandoval, Máximo, Cerna y Alfonso Irungaray fueron derrotados el día 4 de este mes por una fuerza de asiduos guatemaltecos bajo el mando del comandante Pedro Barillas, hermano del presidente.

Un telegrama de La Libertad declara que Honduras está dando apoyo moral a Guatemala.

La popularidad del Gral. Ezeta está aumentando. Él les ha asegurado a los miembros del cuerpo diplomático que está ansioso por la paz, y, por lo tanto, evitará más derramamiento de sangre.

Otros comunicados dicen que el Gral. Rafael Ayala, un pretendiente de la presidencia de San Salvador, ha establecido su sede de gobierno en Sensuntepeque, cerca de la frontera con Honduras. El Gral. Miranda, un jefe guerrillero, comanda a las fuerzas que apoyan al Gral. Ayala. Si él es capturado por los salvadoreños será ejecutado.

Fuente: The London Times

1890-agotsto-14
CENTROAMÉRICA

París, 13 de agosto.

M. Pector, el cónsul general de San Salvador en París, ha recibido el siguiente telegrama con fecha de ayer:

"La misma situación. El cuerpo diplomático ha ofrecido su mediación en favor de la paz con la condición de que esta sea honorable para San Salvador. Mediante el ministro estadounidense ha sido de nuestro conocimiento que el gobierno de Guatemala ha hecho una declaración formal de guerra, pero que todavía no se ha notificado. Las fuerzas de ambos lados permanecen en sus posiciones y están listas para empezar las hostilidades, así que la campaña continúa".

Washington, 13 de agosto.

El Departamento de Estado ha sido notificado de que durante la batalla en la ciudad de San Salvador la bandera de los Estados Unidos fue bajada por el gobierno provisional. Se exigió arreglar este asunto, y la bandera se volvió a izar y fue saludada con 21 disparos.

El cónsul de los Estados Unidos, quien había sido obligado a dejar su puesto temporalmente, recibió la restauración de sus derechos.

Nueva York, 13 de agosto.

Una comunicación recibida aquí desde San Salvador declara que la guerra entre ese Estado y Honduras parece ser inevitable.

Fuente: The London Times

1890-agosto-14

LA ALIANZA CENTROAMERICANA
El tratado entre las cuatro repúblicas en contra del General Ezeta

Nueva York, 13 de agosto.

El texto del tratado entre las cuatro repúblicas de Guatemala, Costa Rica, Nicaragua y Honduras se ha hecho público. Estas se comprometen a reconocer el régimen legal en El Salvador tan pronto como el régimen sea restaurado.

También estipulan que el desarmamiento de los ejércitos de Guatemala, Honduras y El Salvador tan pronto como el gobierno de facto del Sr. Ezeta haya dejado de existir y el gobierno constitucional haya sido reestablecido, y dichos ejércitos se reducirán a protectores de la paz.

Siendo el retiro del Gral. Ezeta del poder en El Salvador indispensable para restaurar el orden constitucional, las partes contratantes acuerdan exigir tal retiro, garantizándole su vida y propiedades y la libertad de salir del país.

Si para la completa pacificación de El Salvador y tras la solicitud del gobierno legítimo, que se reconocerá como se estipula, se vuelve necesario el que la república contratante debiera ofrecer ayuda, lo hará de la manera y forma más conveniente, siempre apegándose a las estipulaciones presentes.

Fuente: Philadelphia Inquirer

ZELAYA RESPONDE A EZETA
Él dice que Honduras aún está colocando tropas en el campo.

Ciudad de México, 16 de agosto, vía Galveston.

Un comunicado de Tegucigalpa dice que, en respuesta al pedido del Gral. Ezeta de que Honduras explique su actitud en la actual dificultad, el Sr. Zelaya, secretario de relaciones exteriores, ha respondido lo siguiente: "Es verdad que Honduras ha colocado y aún está poniendo tropas en la frontera de Honduras y El Salvador. Esto ha sido realizado por cuatro razones:

Primero. Usted llamó a las armas y armó a los refugiados hondureños, incitándolos a invadir Honduras porque Honduras se negó a reconocer el estado de los asuntos traídos por el Gral. Ezeta en El Salvador la noche del 22 de junio.

Segundo. El trato injustificado e ilegal dado a Honduras por su gobierno, incluso en la ejecución por órdenes del Cnel. Bramek, de Calixto Acosta, un hondureño pacífico, en San Antonio Norte, lo cual fue una flagrante violación de todos los derechos internacionales y leyes.

Tercero. El Salvador suspende, sin ningún derecho o justicia, las comunicaciones por cablegrama entre Honduras, Estados Unidos y Europa, para el perjuicio del comercio y la industria.

Cuarto. El Salvador ordenó la suspensión de la comunicación comercial, telegráfica y postal, entre El Salvador y Honduras.

Estos factores son la causa de la actual actitud de Honduras, y hasta que El Salvador cambie sus tácticas o se acuerde la paz, Honduras, como hermana y amiga de Guatemala, conservará y reforzará la actitud adoptada por Guatemala en contra de El Salvador.

Las negociaciones de paz de Guatemala casi han concluido. Todo está tranquilo. Solo ha habido un cambio parcial en el gabinete. Los rumores sobre la huida o renuncia del presidente Barillas son infundados.

El tramo de ferrocarril mexicano hacia Pachuca está terminado y se abrirá para los negocios en septiembre.

Fuente: Philadelphia Inquirer

ZELAYA RESPONDE A EZETA
Él dice que Honduras aún está colocando tropas en el campo.

Ciudad de México, 16 de agosto, vía Galveston.

Un comunicado de Tegucigalpa dice que, en respuesta al pedido del Gral. Ezeta de que Honduras explique su actitud en la actual dificultad, el Sr. Zelaya, secretario de relaciones exteriores, ha respondido lo siguiente: "Es verdad que Honduras ha colocado y aún está poniendo tropas en la frontera de Honduras y El Salvador. Esto ha sido realizado por cuatro razones:

Primero. Usted llamó a las armas y armó a los refugiados hondureños, incitándolos a invadir Honduras porque Honduras se negó a reconocer el estado de los asuntos traídos por el Gral. Ezeta en El Salvador la noche del 22 de junio.

Segundo. El trato injustificado e ilegal dado a Honduras por su gobierno, incluso en la ejecución por órdenes del Cnel. Bramek, de Calixto Acosta, un hondureño pacífico, en San Antonio Norte, lo cual fue una flagrante violación de todos los derechos internacionales y leyes.

Tercero. El Salvador suspende, sin ningún derecho o justicia, las comunicaciones por cablegrama entre Honduras, Estados Unidos y Europa, para el perjuicio del comercio y la industria.

Cuarto. El Salvador ordenó la suspensión de la comunicación comercial, telegráfica y postal, entre El Salvador y Honduras.

Estos factores son la causa de la actual actitud de Honduras, y hasta que El Salvador cambie sus tácticas o se acuerde la paz, Honduras, como hermana y amiga de Guatemala, conservará y reforzará la actitud adoptada por Guatemala en contra de El Salvador.

Las negociaciones de paz de Guatemala casi han concluido. Todo está tranquilo. Solo ha habido un cambio parcial en el gabinete. Los rumores sobre la huida o renuncia del presidente Barillas son infundados.

El tramo de ferrocarril mexicano hacia Pachuca está terminado y se abrirá para los negocios en septiembre.

Fuente: Philadelphia Inquirer

1890-agosto-18

GUATEMALA, HONDURAS Y SAN SALVADOR

Nueva York, 15 de agosto.

Información de México declara que, de acuerdo a los comunicados recibidos allí desde El Salvador, el presidente Ezeta esperará a la apertura de las negociaciones de paz con Guatemala por tres días más, y después comenzará con las hostilidades, si es necesario.

Nueva York, 16 de agosto..

El corresponsal de San Salvador del *New York Herald* reporta que tuvo una entrevista con el presidente Ezeta, de San Salvador, en la cual él representa al presidente de haber declarado que no tenía confianza en el éxito de los esfuerzos para la paz del cuerpo diplomático, y que él espera reanudar las hostilidades pronto. Se añade que el presidente además declaró que él sabía que el Gral. Barrillas, el presidente de Guatemala, estaba reforzando diariamente a sus tropas en la frontera, pero que él (presidente Ezeta), se estaba preparando para recibir a los guatemaltecos.

Nueva York, 17 de agosto.

Un comunicado de México con noticias de Honduras reporta que el Sr. Zelaya, el ministro de relaciones exteriores del Estado, había admitido que Honduras estaba congregando tropas en la frontera.

Entre las razones dadas por esta acción estaba el trato injusto por parte de San Salvador. El ministro declaró que hasta que la paz se arreglara con Honduras, como amigo de Guatemala, le brindaría ayuda para reforzarse contra San Salvador.

Fuente: The London Times

1890-agosto-19
GUATEMALA, HONDURAS Y SAN SALVADOR

Nueva York, 18 de agosto.

Noticias desde Guatemala afirman que el presidente Barillas ha informado al cuerpo diplomático que los únicos términos de paz que él puede aceptar son el retiro del Gral. Ezeta de la presidencia de San Salvador, el restablecimiento del status quo en San Salvador como existía anterior a la muerte del presidente Menéndez, y que San Salvador deberá tratar como aliados a Guatemala y Honduras, y no albergar rebelión en contra de ninguno de esos Estados. Se rumorea que el Gral. Ezeta reanudará las hostilidades hoy.

Fuente: The London Times

1890-agosto-19

El Señor Diéguez, ministro de Guatemala, dice que la guerra es ahora inevitable y que esta será una semana de batallas. Las fuerzas de Guatemala suman 30,000 hombres, todos en buenas condiciones, y cuentan con el apoyo de Honduras.

Fuente: Philadelphia Inquirer

1890-agosto-27
CENTROAMÉRICA

Nueva York, 26 de agosto.

Se reporta desde Guatemala que el Gral. Barillas ha ordenado a todos los hombres de entre 18 y 50 años ha reportarse a los puestos militares de sus respectivos departamentos; si no lo hacen serán declarados traidores.

Informes de Guatemala recibidos en México afirman que la tregua entre Guatemala y El Salvador continúa, y que las probabilidades de una restauración de paz son grandes.

De acuerdo a la información de Tegucigalpa, en Honduras, todo está tranquilo en la frontera, y los rumores de peleas no son ciertos.

El *New York Herald* publica un comunicado de La Libertad, declarando que el Gral. Ezeta demanda que los términos de paz deben ser honorables para El Salvador, de otra manera se reanudará la guerra con Guatemala esta semana.

Fuente: The London Times

1890-septiembre-16

El Sr. George Bernhard, cónsul de Estados Unidos en Tegucigalpa, Honduras, ha hecho un informe al departamento de estado, en el cual, después de referirse a la condición inestable de los asuntos en ese país, dice que nadie puede entrar a la república o viajar sin un pasaporte, y los estadounidenses que vienen del exterior deben presentar sus papeles de legitimación y pasaportes, firmados por las autoridades nativas y autenticados por un cónsul hondureño en Estados Unidos.

Fuente: Philadelphia Inquirer

1890-noviembre-12

REVOLUCIÓN EN HONDURAS

Nueva York, 11 de noviembre.

Un telegrama recibido por el *Herald* desde La Libertad reporta que una revolución ha surgido en Honduras. Tegucigalpa fue sitiada el viernes, y parte de la guarnición allí, bajo el mando de Sánchez, capturó el edificio del capitolio y el arsenal. Se dice que el presidente está rodeado por tropas hostiles. Informes de El Salvador declaran que ha habido grandes pérdidas durante el levantamiento en Tegucigalpa, y el presidente Ezeta no permitirá que Guatemala interfiera.

Fuente: The London Times

1890-noviembre-12

REVUELTA EN HONDURAS
El presidente Bográn toma el campo en contra de los rebeldes del General Sánchez.

La Libertad, San Salvador, 11 de noviembre.

Durante la tarde del día 9 de este mes, parte de la guarnición en Tegucigalpa, Honduras, incitada por el General Longino Sánchez, se rebeló y tomó posesión del arsenal.

El presidente Bográn inmediatamente salió al campo en contra de los insurgentes, juntando a los pueblos en su apoyo. Ya ha habido varias peleas. San Salvador se ha mantenido neutral hasta este momento.

Fuente: Philadelphia Inquirer

1890-noviembre-13

LA REVOLUCIÓN EN HONDURAS

La Libertad, 11 de noviembre.

El Gral. Bográn y sus fuerzas, que habían estado sitiados en Tegucigalpa, se retiraron hoy de la capital y se abrieron paso peleando a través de las líneas. La ubicación actual del Gral. Bográn es desconocida, pero los soldados del Gral. Sánchez lo están persiguiendo. El Gral. Sánchez tiene ahora posesión total de la capital, y aparentemente está en control de la situación. Se reporta que él inmediatamente declarará un gobierno de facto y enviará representantes a El Salvador, Costa Rica, Nicaragua, y, posiblemente, a México y a los Estados Unidos.

Hay gran exaltación en Guatemala, y se predice otra guerra.

Nueva York, 12 de noviembre.

Un comunicado privado y cifrado desde Guatemala dice que el presidente Barillas ha enviado a mil soldados desde la frontera para ayudar al Gral. Bográn a recapturar Tegucigalpa. Gran exaltación, se añade, prevalece en Guatemala, y se predice otra guerra a gran escala.

Fuente: The London Times

LA REVOLUCIÓN EN HONDURAS

Washington, 12 de noviembre. — Un telegrama fechado en la ciudad de Guatemala ha sido recibido por el Departamento de Estado de parte del Sr. Mizner, ministro de los Estados Unidos en Centroamérica, declarando que está en progreso una revolución en la capital de Honduras. El presidente de esa república ha sido expulsado de la ciudad, pero ahora está juntando tropas y se espera, según el ministro, que luche para recuperar el gobierno.

Fuente: Philadelphia Inquirer

HONDURAS

La *Gaceta* de anoche declara que el Marqués de Salisbury ha recibido el siguiente comunicado telegráfico del Sr. Gosling, el residente ministro de Su Majestad en Guatemala: "Guatemala, 21 de julio de 1892. — El Gobierno de Honduras ha cerrado la costa Noratlántica al comercio foráneo".

Fuente: The London Times

LA REVOLUCIÓN EN HONDURAS

Nueva York, 13 de noviembre.

Un telegrama de San Salvador anuncia que el Gral. Bográn ha telegrafiado al Gral. Ezeta, presidente de El Salvador, admitiendo que él fue forzado a evacuar la capital y a establecer un Gobierno en Tamara. Él atravesó las líneas del Gral. Sánchez en Tegucigalpa después de muchas peleas, con mucho derramamiento de sangre. Parece que el Gral. Ezeta está dispuesto a permanecer neutral. Gran exaltación prevalece en Guatemala ante la posibilidad de una guerra general en Centroamérica.

Fuente: The London Times

1890-noviembre-14

PROBLEMAS EN HONDURAS.

El Sr. Jacob Báez, cónsul general de Guatemala, ha recibido el siguiente cablegrama en relación a la situación que se vive en la República de Honduras:

"Bográn ha reorganizado sus tropas, que han llegado desde todas partes del país, y está asediando a Sánchez en Tegucigalpa.

Guatemala ha tomado la determinación de permanecer neutral ante el presente conflicto."

Fuente: The New York Times

1890-noviembre-15

LA REVOLUCIÓN EN HONDURAS

Nueva York, 14 de noviembre.

El *Herald* publica un telegrama de Tegucigalpa declarando que el Gral. Sánchez se ha dirigido a sus tropas informándoles que el Gral. Bográn estaba a punto de avanzar en un esfuerzo por retomar la capital. Él llamó a los soldados a hacer su deber. Se cree que una batalla decisiva es inminente. — *Reuter*.

Fuente: The London Times

LA REVOLUCIÓN DE HONDURAS HA FINALIZADO

La libertad, 15 de noviembre.

Se han recibido informes de Honduras diciendo que el Gral. Sánchez ha sido capturado por las fuerzas al mando del presidente Bográn, y que probablemente la revolución esté por terminar.

Fuente: Philadelphia Inquirer

1890-noviembre-17

LA REBELIÓN EN HONDURAS

Tegucigalpa, 14 de noviembre.

La revuelta dirigida por el Gral. Sánchez prácticamente terminó hoy. El Gral. Bográn ha sitiado y capturado la capital, con la excepción de un cuartel, donde un remanente del ejercito vencido del Gral. Sánchez está estrechamente encarcelado.

El Gral. Bográn empezó desde Tamara el jueves hacía la capital. Marchando rápidamente, llevó todo delante de él a pesar de numerosas emboscadas, ocasionando conflictos sangrientos.

El Gral. Barilla ha permanecido neutral. — *Dalziel.*

Nueva York, 16 de noviembre.

Telegramas de Tegucigalpa anuncian la captura de los cuarteles en los cuales el Gral. Sánchez se refugió después de la invasión de la ciudad por el presidente Bográn, y la subsecuente ejecución del pretendiente en el mercado. El presidente Bográn, el viernes por la noche, puso cañones en la cercanía de los cuarteles y abrió fuego la mañana de ayer. El Gral. Sánchez y sus compañeros pelearon desesperadamente, pero la artillería demolió las paredes del edificio y los sitiadores hicieron su avance. Un corto pero feroz enfrentamiento mano a mano prosiguió, y los revolucionarios que aún estaban vivos fueron tomados prisioneros.

El Gral. Sánchez y sus principales oficiales fueron después llevados a una de las plazas principales, y, sin la formalidad de una corte marcial, fueron ejecutados en presencia de varios cientos de personas. Sus cuerpos fueron exhibidos todo el día, como advertencia para todos los aspirantes a ganar la presidencia mediante la fuerza. —*Reuter*.

Fuente: The London Times

1890-noviembre-18

LA REBELIÓN EN HONDURAS

El cónsul general de Honduras ha recibido un telegrama del presidente Bográn, con fecha del sábado 15 del presente mes, del cual la siguiente es una traducción:

"Sánchez incitó a levantar una rebelión el sábado de la semana pasada, sometida hoy; se restableció el orden; paz en Centroamérica. — Bográn".

Fuente: The London Times

1890-noviembre-19

EL CORONEL ALDEN H. BAKER HA MUERTO
Ha sido asesinado mientras peleaba en apoyo al presidente Bográn.

Especial de The Inquirer.

Nueva Orleans, 18 de noviembre. — Un telegrama privado desde Honduras hispana anuncia la muerte del coronel Alden H. Baker, el hermano menor de Page M. Baker, editor del *Times-Democrat*, quien fue asesinado en una batalla reciente en apoyo al presidente Bográn. Por varios años, el coronel Baker fue comandante de policía en Honduras, pero recientemente fue reemplazado por el capitán Byer, un exoficial del ejército de unión, y estaba en espera de otro nombramiento bajo Bográn cuando se desató la insurrección. Es sabido que todos los estadounidenses en Tegucigalpa habían firmado un documento prometiendo apoyar a Bográn si había problemas, y el coronel Baker fue uno de ellos.

El coronel Baker fue encarcelado en Fort Pickens durante la última guerra y fue sentenciado a ser fusilado por su supuesta conspiración con las fuerzas confederadas cerca de Pensacola, pero su extremada juventud y el cambio de comandantes del General Butler al General Banks lo salvó. Entró al ejército confederado a la edad de 15 años y estuvo en la batalla de Spanish Fort cerca de Mobile.

Cuando se desató la insurrección, el coronel Baker, el general Imboden y el capitán Byer estaban en la costa, pero de inmediato fueron a unirse al ejército al mando de Bográn.

Fuente: Philadelphia Inquirer

1890-noviembre-20

LA REVOLUCIÓN EN HONDURAS

Nueva York, 19 de noviembre.

Informes recibidos en México desde Honduras declaran que el Gral. Sánchez no fue ejecutado, sino que se suicidó cuando miró que su captura era inminente. — *Reuter*.

Fuente: The London Times

1890-noviembre-20

ASESINADO EN HONDURAS.
El Cnel. Baker, un exsoldado confederado, muere en la causa de Bográn.

Nueva Orleans, 19 de noviembre.

El Sr. Hage M. Baker, editor general del *Times-Democrat*, recibió un cablegrama el día de ayer desde Tegucigalpa, Honduras, diciendo que su hermano, el Cnel. Alden H. Baker, fue asesinado el día 14 de este mes mientras servía bajo el presidente Bográn. El coronel Baker fue un galante exsoldado confederado, y tenía 44 años de edad. Deja a una esposa y tres hijos, quienes ahora están en esta ciudad.

Él viajó a Honduras hace unos cinco años y tomó cargo del departamento de policía de la república. Tuvo este puesto hasta hace unas seis semanas, cuando se desató la revolución. El Cnel. Baker, Chas D. Beecher, su sucesor, Bertie Cicile, gerente del telégrafo, y el capitán Frank Imboden, todos estadounidenses, estaban en la costa del Atlántico.

Mediante marchas forzadas llegaron hasta el cuartel del General Bográn en cuatro días, se unieron a su ejército y estuvieron en las luchas que resultaron en el desbando de la revolución.

Fuente: Philadelphia Inquirer

1890-noviembre-30

EN HONDURAS
La escena de la más reciente revolución centroamericana.

El Sr. D. H. Bentley, de Nuevo México, se ha hospedado en el hotel Vonderbank y se reunió con un reportero el viernes antes de que se recibieran las noticias de la victoria de Bográn. El Sr. Bentley es un reconocido minero en el oeste y en la Honduras hispana, en donde tiene concesiones grandes del presidente Bográn y del gobierno de Honduras. Partió de ese lugar en julio pasado, y ya había sutiles señales de una revolución.

Ha habido una sensación de inquietud desde hace dieciocho meses o dos años debido a la política liberal de Bográn hacia los estadounidenses. Bográn no solo les dio muchos puestos de confianza e importancia, sino que también les otorgó concesiones liberales con el deseo de atraer capital, desarrollar los recursos del país e incrementar los ingresos. Sánchez fue en un tiempo el Secretario de Guerra de Bográn, y ha tenido otros puestos de responsabilidad. Él es un buen hombre, pero representa al elemento que es menos progresivo. El Sr. Bentley tiene la opinión de que Bográn eventualmente será el triunfador.

El país difícilmente está bien equipado para una guerra. Tienen suficientes armas y municiones, pero no a los hombres que puedan portarlas. Los nativos no son buenos soldados; no hay suficiente dinero en el país para llevar a cabo una guerra; a los soldados se les paga poco y las provisiones son escasas. Los soldados generalmente tienen que alimentarse a sí mismos con el pequeño salario que reciben. Afortunadamente, necesitan poco para subsistir. La ventaja económica está del lado de Bográn.

El Sr. Bentley ha estado trabajando en las minas de Honduras con algo de éxito por seis años, pero dice que la minería o cualquier otra industria no puede considerarse rentable bajo el actual estado de los asuntos. Ninguna de las empresas que se aventuraron a empezar negocios en ese lugar obtuvieron ganancias. La causa es la escasez de mano de obra y la falta de medios de transporte.

Hace años se hizo en ese lugar un intento de construir un ferrocarril transcontinental, y se vendieron bonos en Inglaterra, con el gobierno garantizando los intereses. Los promotores desaparecieron, dejando pendientes millones de dólares en bonos, mientras que el gobierno ahora debe más intereses que el valor nominal de los bonos. Ahora están en progreso negociaciones para el arreglo de la deuda y la finalización de la vía. Si esto se logra, Honduras podría llegar a ser un gran país, pero en la actualidad se encuentra muy atrasado. El gobierno tomó posesión de parte de la vía ya construida sobre la costa del Atlántico y la arrienda. Esto ha hecho que sea posible la gran comercialización de los bananos, que es casi la única industria que resulta en ganancias. Si hubiera una vía de costa a costa, la industria minera sería rentable. Las plantaciones de café o algodón podrían aumentar, y el cedro, la caoba, el palo de rosa y otras maderas valiosas podrían exportarse.

El poco algodón que se planta en la actualidad tiene resultados maravillosos; crece del tamaño de los árboles y se cubre de copos con fibras largas. En el caso de la mano de obra, hay una gran población de nativos, pero los nativos son muy indolentes. Su costo de vida es muy bajo, y están contentos con llevar una vida fácil y dejar que las mujeres trabajen. Cuando trabajan o se unen al ejército, es principalmente con el propósito de obtener vino o tabaco, lujos que son vendidos exclusivamente por el gobierno y que son la principal fuente de ingresos. Hay muy pocos otros ingresos que tiene el gobierno, y es por eso que el presidente Bográn, quien es un hombre progresivo, ha fomentado el influjo de capital estadounidense.

Cualquier empresa nueva pone dinero en circulación, paga impuestos y, además, importa o exporta artículos que pagan aranceles. De esta forma, el gobierno obtiene ganancias y el país mejora. Sin embargo, los ingresos no son muchos, y la revolución es sin duda una disputa por el botín. Tales revoluciones solo hacen que los países centroamericanos retrocedan, ya que las personas están poco dispuestas a invertir en lugares inestables y en donde el gobierno puede cambiar de la noche a la mañana. Un ferrocarril panamericano con un influjo de estadounidenses tendría un gran impacto en el problema de hacer que los países sean más estables y puedan desarrollar sus maravillosos recursos. —*New Orleans Picayune*.

Fuente: Philadelphia Inquirer

1890-diciembre-04

LA RECIENTE REVOLUCIÓN EN HONDURAS

Nueva Orleans, 3 de diciembre.

Una carta recibida aquí del cónsul británico en Tegucigalpa da detalles de los eventos inmediatamente precedentes a la muerte del insurgente Gral. Sánchez. Declara que el Gral., después de su derrota por las fuerzas del presidente Bográn, intentó escapar en la noche del 15 del mes pasado bajo la protección de la oscuridad, pero fue perseguido y capturado. Él ofreció violenta resistencia, y, después de ser herido en la pelea, corrió hacia una casa, donde se suicidó con un disparo. La mayoría de sus seguidores fueron asesinados, heridos o hechos prisioneros. Dos de los hijos del Gral. Sánchez fueron asesinados, y otro fue capturado. La mayoría de los prisioneros serían ejecutados en una fecha cercana. El cónsul reporta que le dispararon a su bandera en varias ocasiones. Él entró a la ciudad como uno de los guardaespaldas del presidente Bográn. Todos los extranjeros estuvieron del lado del presidente, ya que los seguidores del Gral.

Sánchez fueron considerados como simples ladrones y asesinos. — *Reuter.*

Fuente: The London Times

1890-diciembre-04

LAS AFLICCIONES DE CENTROAMÉRICA
Las guerras frecuentes y los déspotas deleznables arruinan el territorio.
Las cinco repúblicas tienen temporadas regulares para las revoluciones; honduras se ve afligido por una serie de aventureros militares.

Aquellos que tienen conocimiento sobre los asuntos centroamericanos no se ven sorprendidos al escuchar que las complicaciones recientes entre Guatemala y San Salvador ahora han quedado opacadas por los disturbios revolucionarios en Honduras.

Cuando el hispanoamericano promedio termina con sus actividades cotidianas, cuando sus asuntos de negocios han terminado al caer la tarde, cuando ya ha cenado y se sienta a descansar y meditar, su mente inmediatamente se pone a imaginar la formación de proyectos para realizar un cambio en el gobierno, algo que, en su tierra nativa, solo se puede lograr mediante una revolución.

Las cinco repúblicas centroamericanas tienen sus temporadas regulares para las revoluciones. Desde la muerte de Morazán, el Bolívar de Honduras y de toda Centroamérica, Honduras se ha visto afligida por una sucesión de aventureros militares en busca de la presidencia. Barrios, cuando su propio país se había vuelto demasiado pequeño para él, colocó a Marco Aurelio Soto en el poder y lo dejó allí siempre y cuando dividiera el despojo en partes iguales. Estos dos, junto con Zaldívar de El Salvador, se aprovecharon de las finanzas de sus países al igual que los bucaneros holandeses e ingleses lo habían hecho con el comercio de sus antepasados, y con un resultado igual de desastroso. Las monedas de oro desaparecieron por completo, y en su lugar quedó una plata degradada estampada con la imagen de libertad con sombrerillo y bastón, y cuyo valor es de unos 40 centavos de dólar.

Capitalistas ingleses, franceses y alemanes, atraídos por promesas mayores que las de la "Burbuja de los mares del sur", se apresuraron en sus deseos de invertir en los muchos proyectos propuestos por Barrios mediante su vocero, Soto. El progreso rápido de los Estados Unidos le dio a Barrios una base para cada nuevo proyecto que pudiera significar un dólar para él, y tuvo éxito al persuadir a una compañía en la construcción de un sistema de iluminación de gas, aunque todavía el país no muestra una sola repisa de carbón. Soto otorgó concesión tras concesión, pero no dio una garantía nacional que cubriera el interés del dinero que se dio como anticipo para las vías férreas. Esto ya se había hecho, para la tristeza de los tenedores actuales (franceses), de los $24,000,000 del 6 por ciento de Honduras, dado a cambio de las dos líneas de óxido rojo en la terminal de ese ferrocarril interoceánico. El padre de Soto era un guatemalteco muy respetado que pertenecía a una buena familia española del Partido de la Iglesia.

El hijo fue contratado como paje en los edificios gubernamentales, y al obtener el agrado de Barrios, fue enviado finalmente a Honduras. Este era un erudito apto y muy pronto igualó a su maestro al idear planes para mejorar su país y enriquecerse a sí mismo. Al aumentar su intrepidez, la Tesorería Nacional se convirtió en su cuenta bancaria privada. Para entonces, los numerosos generales y coroneles que había creado empezaron a anhelar una porción de esta "vida de lujo" que su líder estaba acaparando, y, a pesar de la oposición de Barrios, destituyeron y exiliaron a Soto, colocando a Bográn en su lugar.

Bográn no ha sido otra cosa más que un soldado; es decir, se ha levantado desde estas filas sin disfrutar las ventajas de una educación o de la sociedad culta, pues hasta en Honduras se reconoce que el ejército está en una posición tan baja socialmente que, cuando sus miembros no están en labores, no tienen otro lugar al qué asistir aparte de los bares. Es probable que, cuando Barrios vio que Soto estaba sentenciado, se declaró en favor de Bográn, ya que este último lo apoyó en toda dificultad, incluso uniéndosele en la guerra de 1885 para la unificación de Centroamérica. Desde la muerte de Barrios, se le ha conocido como el fiel aliado de Barrillas, y lo apoyó en su intento de obligar a San Salvador.

La gran dificultad en lo que se refiere a los políticos de Centroamérica es que nunca toman el camino directo para conseguir cualquier buen resultado, sino que van por caminos misteriosos y tortuosos esperando de alguna manera poder llegar a su destino. La naturaleza individual es traicionera, y mientras todo parece estar yendo bien, un miembro insatisfecho divulga todo el plan y le muestra al enemigo las intenciones pérfidas de los estadistas de su país. Barrios y Zaldívar cayeron en 1885, justo al borde del éxito, sobre la cuestión de quién debería ser el primer presidente de la nueva unión, y en este otoño Barrillas descubrió que Martínez Sobral, su propio Secretario de Estado, era el traidor.

Cuando no está incursionando en la política, Bográn voltea su atención hacia las industrias mineras de su país, y se encuentra rodeado del grupo habitual de conocedores de la minería y promotores de todo tipo de proyectos que uno se encuentra en Londres durante la temporada. El plan usual es que el presidente de la república recibe el 33.3 por ciento del capital social de cualquier compañía organizada bajo una concesión fomentada por él.

En los viejos tiempos, también se pagaba una cantidad considerable en efectivo, pero los inversionistas se han vuelto más precavidos, y Bográn ahora tiene que arriesgarse con los otros accionistas. La mayoría de estas compañías se han formado recientemente en Nueva Jersey y emitidas en Inglaterra, pero este año el negocio ha recibido un gran impacto ya que las guerras de Centroamérica han atemorizado a los ingleses, y no hace mucho el Gral. Bográn se vio obligado a pedir prestados $3,000 para continuar con su gobierno debido a que no había dinero en la tesorería.

Por muchos años Bográn, con el apoyo de Guatemala, ha realizado proyectos en su país despóticamente, y se ha negado a resolver reclamos norteamericanos a menos que estos sean recomendados por el presidente de Guatemala, quien nunca ha rehusado recibir una comisión. Sus elecciones han sido farsas, y su llamada asamblea representativa siempre ha estado llena de amigos personales, socios en proyectos mineros, e individuos que sacó de la nada para convertirlos en sus herramientas. Hace unos meses, cuando

Menéndez fue asesinado en El Salvador, Bográn se apresuró a inundar ese país con un ejército de mercenarios bajo un refugiado salvadoreño llamado Rivas, y en su momento de angustia apeló al presidente Ezeta para que se mantuviera neutral.

Es difícil describir el intenso odio que se le tiene a Bográn en El Salvador y Nicaragua por enviar a Rivas a saquear y matar a lo largo de la frontera. Los ejércitos centroamericanos, con excepción de el de El Salvador, son turbas irresponsables, reclutados de lo peor de gente disipada e inmoral, y comandadas por oficiales acostumbrados a tolerar cualquier acto de crueldad y brutalidad hacia un enemigo derrotado. Hay ocasiones en las que bebés han sido arrancados de los brazos de sus madres y arrojados hacia sus casas en llamas. Las atrocidades cometidas por tropas españolas en Cuba y las de los apaches en nuestro propio suroeste se ven duplicadas siempre que se usan mercenarios en Centroamérica.

El daño que estas divisiones de dictadores hispanoamericanos le hacen al país es incalculable. La última guerra en Guatemala hizo que los bonos bajaran 50 porciento, hizo que el préstamo francés de $20,000,000 fracasara, y privó al país de su vía férrea norteña hacia la costa del Atlántico, lo que habría sido la salvación del país. El alto precio del café y las inmensas ganancias de su producción han atraído recientemente a inversionistas cuidadosos de todas partes del mundo, y la tierra en los distritos buenos ha avanzado 100 porciento en los últimos cinco años, mientras que el valor de la producción de plantaciones de café se ha cuadruplicado.

La escasez de la mano de obra es lo único que entorpece el éxito del cultivo del café. Durante las guerras, toda persona capaz de portar un arma es reclutada y marcha hacia la frontera, dejando que el café se pudra en los árboles, lo que además destruye la cosecha durante los tres siguientes años. Las personas nuevas que llegan saben esto, y la más pequeña nube oscura en el horizonte los pone nerviosos y reacios a dejar su capital a merced de un dictador ignorante, impulsivo y personalmente desinteresado.

Si los centroamericanos fueran razonables, limitarían sus disputas a la temporada no productiva, como lo hicieron siempre nuestros indios, pero ellos son como niños y avivan el calor de la más ligera fricción para convertirla en una flama, sin importar lo desastrosas que puedan ser las consecuencias.

Hace algunos años, los departamentos de Yoro y Olancho se estaban abriendo para las plantaciones de caucho y producción de azúcar, mientras muchos norteamericanos estaban ocupados en la crianza de ganado y la minería, con toda esperanza de éxito. El suelo de la región se compara favorablemente con el de los distritos aluviales más fértiles de Arizona y California, algunas partes produciendo hasta tres cosechas anuales de "alfalfa". En las tierras bajas sobre la costa los plantíos de bananas habían cubierto al país, mientras que más atrás un distrito de naranjas igual al de Florida se extendía por millas y fue sucedido por las áreas de café y vegetales hasta que se llegó a las laderas del norte de las sierras.

El clima es parecido al de San José y Monterey, California, aunque mejor templado por la brisa del Atlántico. De hecho, es un país que, si se desarrolla apropiadamente, produciría más riquezas que el resto del área desde el Río Grande hasta el istmo, pero los métodos complicados y avaros del gobierno alejan a los inversionistas, y hoy en día el país está habitado por Caribes ignorantes que piensan tan poco en mejorar su condición como los habitantes de África central.

Fuente: The New York Times

1891-enero-31

CENTROAMÉRICA

México, 30 de enero.

De acuerdo a información recibida aquí, Guatemala ha equipado para la guerra con El Salvador a 25,000 hombres, quienes ahora se dedican a recolectar la cosecha de café. Se añade que se espera que se declaren las hostilidades en la última mitad de febrero, mientras Honduras mantendrá bajo control a Costa Rica y Nicaragua si intentan interferir, pero de lo contrario también atacará a El Salvador, que se está preparando para la batalla. Se afirma que tanto Guatemala como El Salvador se esfuerzan por concertar préstamos. —*Reuter.*

Fuente: The London Times

GUATEMALA SE PREPARA PARA LA GUERRA

Una alianza secreta en contra de San Salvador firmada por Honduras.

Ciudad de México, 8 de febrero, por el Galveston.

Se reporta aquí que una alianza secreta ha sido firmada entre Guatemala y Honduras en contra de San Salvador.

Un informe de Guatemala dice que el Gral. Cayetano Sánchez murió hoy en Jaltenango por heridas de bala infringidas por soldados. El Gral. Sánchez fue arrestado varios días antes por insubordinación. Ayer intentó escapar, disparando a los guardias que lo seguían. Los soldados devolvieron el fuego, hiriéndolo mortalmente. El gobierno ha ordenado una corte de investigación en el caso.

Guatemala se está preparando para la guerra y está llevando a su ejército al nivel requerido por ley.

El presidente Barillas de Guatemala está ahora en su sede en el país, Libertad.

Es un hecho que el Gral. Ruiz Sandoval ha pedido hospitalidad al gobierno guatemalteco.

Las preparaciones para el funeral del arzobispo Labastida están progresando. Los candidatos más prominentes para sucederlo en el arzobispado de México son los obispos Montes de Oca, Guillow y Vargas.

El informe de que la inmigración está causando altas rentas de casas aquí no es verídico.

El bajo precio del café está causando demanda por ese producto. El descuento es mayor.

OTRA IDENTIFICACIÓN MÁS

Otra identificación del joven que cometió suicidio en el Astor House, después de registrarse como Fred Evans, se hizo ayer por Frederick B. Altman, de Birmingham, Alabama, quien está visitando a amigos en la avenida Madison, 1,703. El Sr. Altman cree que el cuerpo es de Fred Evans, anteriormente supervisor en una plantación cerca de La Habana, a quien vio por última vez en La Habana hace dieciocho meses.

En ese tiempo Evans estaba envuelto en un amorío con una chica cubana. Originalmente había venido de Gales. El Sr. Altman ha enviado un telégrafo a La Habana para saber qué ha sido de su conocido. Él fue a Boston la noche anterior, pero regresará el martes al hotel Metropolitan.

Fuente: The New York Times

1891-febrero-09

EN CONTRA DE SAN SALVADOR
Se ha firmado una supuesta alianza secreta entre Guatemala y Honduras

Ciudad de México, 8 de febrero.

Se ha reportado la formación de una alianza secreta entre Guatemala y Honduras en contra de San Salvador.

Un comunicado guatemalteco dice: El General Cayetano Sánchez murió el día de hoy en Jacaltenango por heridas de bala efectuadas por soldados. El General Sánchez fue arrestado hace varios días por insubordinación y fue puesto en confinamiento. El día de ayer intentó escapar, disparando hacia los guardias que lo persiguieron. Los soldados respondieron a los disparos y lo hirieron de muerte. El gobierno ha ordenado que una corte investigue el caso.

Guatemala se está preparando para la guerra y está alistando a su ejército según los estándares de ley. El presidente Barillas, de Guatemala, está ahora en la sede de su país, "Libertad". Es un hecho positivo el que el General Ruiz Sandoval le haya solicitado hospitalidad al gobierno de Guatemala.

Fuente: Philadelphia Inquirer

CENTROAMÉRICA

Ciudad de México, 8 de febrero.

Un comunicado de Guatemala declara que el Gral. Cayetano Sánchez murió hoy en Jaltenango por los efectos de unas heridas de bala causadas por soldados que fueron arrestados por insubordinación y estaban intentando escapar. El gobierno ha ordenado una investigación sobre el asunto.

Guatemala se está preparando para la guerra, y está llevando al ejército a un estándar legal.

El Gral. Barillas está actualmente en la sede de su país en La Libertad. — *Dalziel.*

Nueva York, 9 de febrero.

El Sr. Baiz, cónsul para Guatemala y Honduras en Nueva York, ha recibido telegramas del Gral. Barillas, presidente de Guatemala, y del Gral. Bográn, presidente de Honduras, negando los rumores que han circulado recientemente en cuanto a las revoluciones en esos Estados. Los comunicados declaran que prevalece una completa paz por toda Centroamérica. —*Reuter.*

Fuente: The London Times

1891-marzo-26

UNA GRAN EMPRESA MADERERA
Capitalistas estadounidenses invierten en tierras en Honduras.

Chicago, 25 de marzo.

La Compañía Maderera de Honduras, compuesta por capitalistas estadounidenses, ha sido formada aquí con un capital pagado de $2,500,000. La compañía, de la cual C. Sherman Wynn es presidente, posee derechos de tala en 200,000 acres de tierra en la costa del Atlántico, a unas cien millas al este de Trujillo, en Honduras, y tiene el privilegio de trabajarlas por veinticinco años libre de impuestos. La madera de la propiedad está valuada en $7,773,000, y consiste en palisandro, ébano, sándalo, caoba, zapote, pino, etc.

Los molinos se levantarán en poco tiempo, lo que generará 1,000,000 de pies de madera todos los días, y en conexión con los molinos se fabricarán muebles. Todo lo fabricado o molido allí será enviado a los estados latinoamericanos tan al sur como Buenos Aires y también, en gran medida, a los Estados Unidos y Europa.

Los siguientes son varios de los directores: El honorable J. M. Bailey, jefe de justicia de la suprema corte de Illinois; J. B. Insley, de la Compañía de Ganado Leavenworth; E. W. Perry, gobernador del territorio de Mosquitia, en Honduras, donde la planta de la compañía está situada; A. C. Brecksbush, presidente del Intercambio de Carbón de Chicago.

Fuente: The New York Times

1891-abril-28

SAN SALVADOR Y HONDURAS
Un tratado de neutralidad entre las dos naciones.

Ciudad de México, por el Galveston, Texas, 27 de abril.

Se anuncia que los Gobiernos de San Salvador y Honduras han llegado a un tratado de neutralidad entre los dos países. El tratado provee que, en caso de que surjan dificultades entre San Salvador y Honduras, serán sometidos a arbitraje, y en el caso de una guerra entre cualquiera de las potencias y otra potencia, cada uno de los países nombrados admitirá los productos de la otra libres de impuestos.

El proyectado ferrocarril interoceánico de Honduras será accesible para San Salvador en caso de una guerra, y San Salvador construirá una rama desde Puerto Unión a la línea principal, y esta rama será gratuita para Honduras bajo las mismas circunstancias. Es muy fácil ver que el objetivo de San Salvador al efectuar este tratado es el de aislar a Guatemala en el caso de una guerra entre estos dos países.

De acuerdo a los informes de San Salvador tal conflicto no está tan lejos, mientras que los informes de Guatemala dicen que la paz es imposible en Centroamérica debido al odio de los salvadoreños por los guatemaltecos.

Fuente: The New York Times

1891-mayo-22

FERROCARRIL EN MOSQUITIA

Washington, 21 de mayo.

El Buró de las Repúblicas Americanas entrega lo siguiente: El Gobierno de Honduras ha otorgado una concesión a S. B. McCormick para construir un ferrocarril en el territorio de Mosquitia, desde la costa este al interior, dándole nueve millas cuadradas de cualquier tierra desocupada que él seleccione por cada milla de ferrocarril que pueda construir. Se estipula, además, que tendrá derecho a importar, libre de impuestos, todo el material rodante, suministros, implementos y provisiones de alimentos que puedan ser necesarios para la construcción y el equipo del ferrocarril; que deberá ser siempre libre de impuestos, estatales o municipales, y que todos los trabajadores extranjeros que él pueda introducir al país para la construcción del camino, y como colonos en las tierras que se le otorgan, deberán estar exentos del servicio militar y del pago de impuestos personales.

Tales colonos tendrán el derecho de importar, libres de impuestos, todas las herramientas, implementos, maquinarias, etc., necesarias para el cultivo de sus tierras y la preparación de sus cosechas para el mercado. La compañía también recibe el derecho de cortar caoba y otras maderas en las tierras del gobierno, con el pago de $5 por cada árbol de caoba. El descubrimiento de diamantes en la Guyana Británica ha creado considerable excitación en esa colonia, y el asunto se ha vuelto objeto de investigación oficial.

Fuente: The New York Times

UN FERROCARRIL INTERCONTINENTAL PARA CENTRO Y SUDAMÉRICA

El Sr. Blaine es un hombre de ideas grandiosas, y si, como es muy posible, es solicitado para convertirse en el siguiente presidente de los Estados Unidos, habrá mayor probabilidad de que se realice uno de los más grandes proyectos de su autoría. Se trata del proyecto que se presentó en el Congreso Panamericano de un ferrocarril intercontinental que conectaría a las aisladas repúblicas de Centro y Sudamérica en una continua cadena de comunicación entre estas y los Estados Unidos. Empezando desde el punto más sureño del sistema ferroviario de México y llegando hasta Buenos Aires, la distancia sería más del doble, probablemente no menos del triple, que la longitud de la vía del pacífico canadiense.

La vía canadiense corre de este a oeste conectando los dos mares y dándoles a las provincias del continente un camino para sus producciones, sin el cual les sería imposible desarrollar la fertilidad natural de sus suelos. Esta cubrió una necesidad que ya era muy aparente al momento de su construcción, y proporcionó los medios de transporte entre los centros de producción existentes y los mercados del mundo. Debido a su posición geográfica, unió no solo a Canadá con Canadá, sino hemisferio con hemisferio. Ofrece la vía de unión más corta entre dos de las grandes arterias de tráfico marítimo, y ha cumplido con su destino manifiesto de convertirse en la autopista del viejo mundo y del nuevo.

Es evidente mediante una simple mirada superficial que estas no son las condiciones sobre las que una vía ferroviaria intercontinental sudamericana está basada para una esperanza razonable de éxito. Su dirección será de norte a sur. Unirá, es verdad, los mercados de Norte y Sudamérica, pero no tendrá lugar en un sistema comercial general, cuyo movimiento no es de polo a polo, sino que suele seguir los paralelos de latitud. Incluso en relación al comercio interamericano, no solo deberá completarse, sino que también competirá con las grandes vías acuáticas en ambos lados. Desde Buenos Aires hasta Nueva York y desde Valparaíso hasta San Francisco, las rutas marítimas están despejadas, y los actuales medios de transporte acuáticos ya son más simples, más sencillos y más baratos que el tránsito por ferrocarril pudiera llegar a serlo. Lo que el observador ordinario puede percibir como una necesidad en Sudamérica es en realidad líneas transversales de ferrocarril que vayan de este a oeste y que formen conexiones entre los principales centros de producción y la costa.

Es obvio que el ideal que se quiere cumplir con el diseño de la vía férrea intercontinental sudamericana debe ser tan político como lo es comercial. Excluyendo a México, el área de Sur y Centroamérica se estima en unas siete y medio millones de millas cuadradas, o, más o menos, igual que Estados Unidos y Canadá combinados. La población, que consiste principalmente de indios nativos, mestizos y chinos, se estima en poco más de treinta y siete millones y medio. Siendo la población de Canadá de cinco millones y la de los Estados Unidos de sesenta y cinco millones, Sur y Centroamérica tienen, en la misma área, un poco más de la mitad de densidad de población. Aparte de las colonias extranjeras de Honduras británica y Guyana, el inmenso territorio incluye no menos de 15 repúblicas, que no tienen ningún medio regular o conectado de intercomunicación.

El unirlas a todas y conectarlas no solo con ellas mismas sino con el centro supremo del gobierno republicano en Washington, aunque el signo externo y visible de la unión no sea al principio nada más que el delgado vínculo de un doble riel de hierro, es una idea cuya magnitud es cautivadora.

El que la idea pueda llevarse a cabo el futuro lo dirá. No se le ha permitido permanecer en la región incierta de los sueños. De acuerdo con la propuesta hecha en la Conferencia Panamericana, una comisión de la vía férrea intercontinental se reunió en Washington el 4 de diciembre del año pasado con el propósito de considerar las medidas que se deseaban tomar. Con la excepción de Chile, Bolivia, Costa Rica, Nicaragua, Guatemala y Honduras, todas las repúblicas de Sur y Centroamérica estuvieron representadas; algunas de las más grandes por más de un delegado. México envió a un delegado asesor para informar sin tener poder de voto. Estados Unidos estuvo representado por dos delegados, y uno de ellos, el Sr. Cassatt, fue el presidente. Chile, incapaz de enviar a un delegado debido a los problemas por los que estaba pasando, expresó simpatía con el proyecto al pagar por adelantado la cuota sobre la suscripción propuesta para gastos preliminares, y los cónsules de algunos de los Estados más pequeños no representados estuvieron presentes durante la apertura de la comisión por parte del Sr. Blaine. Por lo tanto, la comisión puede aceptarse como totalmente representativa de los países en cuestión, y Estados Unidos dio evidencia de la naturaleza práctica de sus intenciones al pagar prontamente la cuota entera de su suscripción.

La cuestión del gasto, incluso al considerar solo los gastos preliminares de estudios topográficos y comités, tiene cierta importancia. Se propuso que cada potencia participante en la comisión contribuyera en proporción de $1,000 por cada 1,000,000 de habitantes. Esto, si fuera pagado por todos los gobiernos, daría una suma de unos $100,000, y uno de los primeros resultados prácticos a los que llegó la comisión fue que se ocuparían al menos $350,000 para llevar a cabo el estudio completo. Actualmente solo los Estados Unidos y Chile han aportado su porción. Los delegados de Argentina y Uruguay, en donde recientemente se han gastado grandes cantidades para completar los estudios topográficos ferroviarios de esos países, sintieron que era su derecho el protestar, en nombre de sus respectivos gobiernos, contra pagar cualquier cuota de suscripción, ya que están listos para presentar, en su lugar, el trabajo que ya se ha completado en el territorio en cuestión.

La acción de los otros Estados es problemática. A esto se le añade que no se ha sugerido ningún método mediante el cual el déficit restante, es decir, después de que se pagaran todas las suscripciones, se cubrirá, y es evidente que la primera dificultad no ha podido superarse todavía.

Sin embargo, el trabajo de la comisión no fue en vano. Se ha trazado un plan sobre la dirección que llevaría la gran vía férrea, y se han nombrado tres comités de estudio topográfico que ya se encuentran trabajando y que informarán el resultado de sus labores a un comité ejecutivo permanente que se quedó en Washington por la Comisión Ferroviaria cuando se aplazó en el 22 de abril. También se nombró un comité estadístico con el propósito de recopilar de los gobiernos en cuestión una declaración sobre los recursos y capacidades de sus territorios y de la ayuda que son capaces de aportar, ya sea en forma de otorgar terrenos, garantías de interés, subsidios, o ventajas tarifarias, cuando la gran cuestión financiera de los gastos de la construcción de la vía se presta para discusión. Cuando estos comités estén en la posición de informar de manera absoluta sobre los hechos requeridos, la Comisión Ferroviaria se reunirá de nuevo y procederá a considerar los siguientes pasos a tomar. En el presente, la fecha de la reunión se ha fijado para febrero del año siguiente. Pudiera suceder que, cuando llegue esa fecha, se descubra que los informes de los subcomités sean absolutamente adversos a la continuación del proyecto. Por el contrario, pudiera suceder que la ejecución de este parezca todavía más realizable que la imaginación más aventurera pudiera pensarlo hoy.

Mientras tanto, el informe más interesante, y por mucho, presentado por los subcomités en las últimas reuniones de la comisión es el que tiene que ver con la dirección a tomarse para realizar los estudios de la vía. Este subcomité estaba compuesto por delegados de los Estados Unidos, Colombia, Venezuela, Argentina y Brasil. Fue presidido por el Sr. Parraga, uno de los delegados de Colombia, y presentó su informe final el 21 de abril, cuando se aceptó de forma unánime. En resumen, las conclusiones del informe y las condiciones que llevaron a estas son las siguientes:

Dos puntos se presentaron ante el comité: el primero, la deseabilidad política de unir a todos los países de Sur y Centroamérica; y el otro, la necesidad comercial de proporcionar una interconexión de los centros comerciales. Para este fin, el comité debía tomar en consideración con igualdad las condiciones naturales y artificiales del país que debía atravesarse. Los obstáculos naturales son principalmente el cruce de montañas y ríos y la insalubridad del clima. Entre las condiciones artificiales, la posición de pueblos, áreas productivas, y secciones ya existentes de vías férreas locales son de importante consideración. La densidad de población tal vez también deba incluirse en esta última categoría. Para ambos propósitos, el problema de nuevo puede subdividirse en una sección central y otra sudamericana.

Dado que el sistema ferroviario de México ya está disponible, se acordó que el punto de inicio de la nueva vía se estableciera en la frontera sureña de México. En la porción de Centroamérica a considerarse están las cinco repúblicas de Guatemala, Honduras, Salvador, Nicaragua y Costa Rica. Entre estas, San Salvador, que en algún momento fue la capital, sigue siendo el centro comercial más importante. La suma de todas las poblaciones llega a solo un poco más de medio millón. Sin embargo, para poder llegar hasta Sudamérica, la vía debe necesariamente pasar por todas estas. La cuestión ante el comité era si debía seguir la costa del Atlántico o el Pacífico, o tomar el rumbo del terreno más elevado por el centro.

A primera vista, la ruta del Atlántico parece ser más plana, y, por lo tanto, la más adecuada para la construcción de una vía férrea. Pero un punto en contra a esta ventaja se encuentra en el hecho de que los ríos más grandes fluyen desde este lado de la costa y representarían grandes y costosas dificultades de ingeniería. Los distritos más densamente habitados se encuentran en la costa del Pacífico, y la porción más importante de vías férreas ya construidas, la de El Salvador, no podría usarse si se sigue la línea del Atlántico. Las lluvias torrenciales y las condiciones insalubres del clima fueron puntos decisivos en contra de esta ruta. La ruta central, que pasa principalmente por montañas elevadas y poblaciones escasas también fue rechazada.

La ruta del Pacífico hasta la República de Costa Rica ofrece a cabalidad los obstáculos físicos menores y las mayores ventajas en cuestión de atravesar regiones bien pobladas, conectar pueblos y distritos agrícolas, y aprovechar las vías férreas ya existentes. La vía, por recomendación del comité, correrá desde Ayutla y seguirá la costa del Pacífico de Guatemala pasando por Retalhuleu y Mazatenango hasta Santa Lucía. Aquí se encontrará con la vía férrea central guatemalteca y la seguirá hasta Escuintla pasando por Santa Ana hasta El Salvador. En El Salvador seguirá la nueva vía férrea central de esa república y pasará por los pueblos de San Salvador, Cojutepeque, San Vicente y San Miguel hasta Goascorán en la frontera con Honduras. En Honduras bordeará el Golfo de Fonseca y, cruzando el Estado de Choluteca, pasará por el pueblo de ese nombre hacia Nicaragua.

En Nicaragua, la vía irá por el pueblo de Chinandega, en donde se topará con la vía ferroviaria de Corinto hasta el Lago Managua y lo seguirá hasta el punto de Pueblo Viejo. Por tanto, costeará el lago hacia el pueblo de Managua uniéndose de nuevo a una vía ya construida hacia Masaya. Desde Masaya pasará hacia Rivas y, cruzando el propuesto canal nicaragüense, entrará en Costa Rica. Desde aquí se abandonará la costa del Pacífico y la vía, después de bordear la costa sureña del Lago de Nicaragua, pasará a través de las llanuras del Atlántico hacia Alajuela. Desde Alajuela, haciendo uso de una vía ya construida, pasará por San José, Puerto Limón y más allá. Después de los puntos que todavía no se han decidido, cruzará el Istmo de Panamá hacia el valle del Atrato en Colombia. Las razones para abandonar la ruta del Pacífico en Rivas son similares a las que hasta ahora han determinado su selección.

Las ventajas artificiales y las desventajas físicas del país aquí cambian lados. Los puertos principales y las vías ya construidas están en el lado del Atlántico, y al cruzar hacia ese lado la vía férrea pasará por magníficas llanuras boscosas en donde, aparte de otras maderas duras, abundan los árboles de cacao y caucho indio. Al cruzar el Istmo de Panamá el suelo se vuelve tan estrecho que no hay elección para la ruta de la vía. La única opción es ir derecho, pero la extrema insalubridad del distrito constituirá un serio obstáculo. Tan malo es el clima en esta localidad que se ha dicho que cada traviesa que se coloque representará la vida de al menos un hombre. Sin embargo, el resumen general de esta parte del reporte es que las dificultades que se presentarán durante la construcción de la vía a través de Centroamérica no son insuperables.

Con la frontera de Colombia se llega a Sudamérica, y aquí la elección de dirección a estudiarse parece a simple vista mucho más amplia que en el territorio geográficamente limitado de los Estados centrales. Pero aquí también se ve restringida al considerar los objetivos a realizar. Primero, las diez repúblicas deberán unirse. Los habitantes de la remota Venezuela deberán ser capaces de pasar por tren desde la desembocadura del Orinoco hacia Perú; los bolivianos deben ser capaces de emerger de su territorio central y poder llegar a las costas de La Plata o Guayaquil.

El correo debe fluir hacia todos lados. Las Repúblicas ya no deberán de mirar hacia Londres, París, San Francisco y Nueva York para obtener noticias de entre estas mismas. Si esto no se logra, no se habrá conseguido nada. Pero la gran cuestión práctica de cómo se puede hacer para pagar reduce los problemas con la lógica inexorable del dólar. Si tal vía se hace rentable, solo podrá ser por una estricta consideración a las condiciones naturales y artificiales a las que ya se ha aludido. Si no se puede hacer rentable, será solo por este medio que el enorme gasto podrá minimizarse. En Sudamérica se repiten las condiciones físicas de Centroamérica a mayor escala. Los Andes atraviesan el territorio de extremo a extremo y lo dividen aproximadamente en tierras altas, tierras bajas orientales y tierras bajas occidentales.

La dificultad de cruzar una y otra vez los Andes hace que sea necesario que la vía férrea se establezca por la parte principal de su extensión sobre una u otra de estas divisiones. La cuestión es en cuál de estas se topará con el *mínimo* de dificultades naturales y el *máximo* de ventajas artificiales. Las tierras bajas occidentales, o franja costera, que tiene una anchura en promedio de unas cien millas entre los Andes y el Océano Pacífico, ofrece en general las mayores facilidades naturales. Fue rechazada por la comisión por dos motivos: en la longitud de su ruta a través de Colombia y Ecuador no hay poblaciones en absoluto y consiste en terrenos desérticos y áridos en los que no se pueden obtener productos comerciales; y aunque al entrar en el territorio de Perú y Chile se supera esta objeción, queda el insuperable inconveniente de que solo se podría llegar a las otras repúblicas mediante ramificaciones, que en cada caso tendrían que pasar por los Andes.

En las amplias llanuras de las tierras bajas orientales, que son ricas con posibilidades agrícolas, se tienen que cruzar ríos inmensos, y la población escasa y la muy pequeña cantidad de pueblos deja ninguna esperanza de tráfico remunerado. También se decidió rechazar esta ruta. En medio de estas dos se encuentran las grandes tierras altas que en español se conocen como la Interandina. Los Andes, que se extienden desde el Ecuador hacia el sur en un gigantesco paralelo de cordilleras dobles y a veces triples, van desde el Ecuador hacia el norte en una alternancia en forma de abanico de colinas y valles, que en su mayor extensión alcanzan hasta la mitad norte de Colombia y una porción considerable de Venezuela. Dentro de los límites de este territorio montañoso se pueden encontrar los climas más saludables de Sudamérica a un nivel promedio de 5,000 pies.

Aquí también están los pueblos principales y las poblaciones más densas de Colombia y Ecuador, y más hacia el sur, hacia Perú y Chile, esta franja ya cuenta con pequeñas ramificaciones de vías férreas locales en comunicación con la costa. Por lo tanto, seguir esta ruta hasta la frontera norte de Chile y después seguir en diagonal por Bolivia y Paraguay a través de las llanuras para crear una unión con los ya construidos sistemas ferroviarios de Uruguay y Argentina, es la opción recomendada por el reporte del comité. Se necesitarán dos ramificaciones, una hacia Cabello en Venezuela y la otra a través de Brasil hacia Río de Janeiro para poder completar la cadena de comunicación. La siguiente es una lista de los lugares principales por los que se propone que pase la vía en su camino descendiente hacia el sur desde el Istmo de Panamá. Entrará a Colombia por el valle del Atrato y cruzará el estribo occidental de los Andes hacia el valle de Canea llegando al pueblo de Antioquía, y ascenderá este abundante valle conectando los varios pueblos y villas hacia Popayán.

Desde Antioquía la rama se extenderá hacia Venezuela. Desde Popayán, la vía principal cruzará de nuevo los Andes para llegar al valle del río Patía y pasará por Pasto e Ipiales hacia Ecuador. El segundo cruce de las montañas es la dificultad principal que se anticipa para la vía en el territorio colombiano. En Ecuador, la vía pasará por los pueblos de Ipiales y Tulcán, y, descendiendo por el valle central de Quito, conectará los pueblos de Ibarra, Quito, Tucumbá, Ambolá, Cuenca y Loja, y después pasará hacia Perú. Aquí atravesará el departamento de Cojamarca o Amazonas hasta toparse con el río Marañón, y seguirá el valle del Marañón hasta el Cerro de Pasco. Desde el Cerro de Pasco irá hacia el valle del Perené, y por Santa Ana, Cuzco, Santa Rosa y Puno, bordeando el lago Titicaca, entrará en Bolivia. En Bolivia conectará los pueblos de La Paz y Oruro y entonces llegará a Huanchaca, en donde la Interandina se queda atrás. En este último pueblo se ramificará para conectar a Chile, la República de Argentina, Brasil, Paraguay y Uruguay.

La ramificación de Chile desde Huanchaca hacia Antofagasta, en la costa del Pacífico, ya está construida. El sistema ferroviario de la República de Argentina ya tiene todos sus estudios y está parcialmente construido. Su punto más norteño es Jujuy, hacia cuyo lugar se propone que continúe la vía intercontinental en dirección sureña desde Huanchaca. En Uruguay y Paraguay los sistemas ferroviarios también ya han sido estudiados hasta el norte de Asunción. Se requerirá una ramificación desde Huanchaca hasta este punto en Paraguay. Por tanto, las vías ya construidas continuarán hacia Montevideo.

La ramificación más costosa y extensa será la diseñada para ir hacia el este desde Huanchaca hasta Río de Janeiro. Se propone que cruce el río Paraguay en Currumba y continúe a través de territorio brasileño siguiendo el río Taquary hacia Coxim, desde este punto por la concesión que ya está hecha hacia Uberaba y por las vías ya construidas desde Uberaba hacia Río de Janeiro.

La ramificación venezolana que empieza en Antioquía, Colombia, irá hacia Medellín para formar una conexión con las vías férreas ya existentes entre ese pueblo y Puerto Berrío en Magdalena. Desde allí por Bucaramanga, San José de Cúcuta, San Cristóbal, La Grita, Mérida, Trujillo, Barquisimeto y Valencia, hacia la costa.

Los fondos a disposición de la Comisión Ferroviaria no han permitido el nombramiento de comités de estudios topográficos para toda la extensión de la vía propuesta. De los tres que sí han sido formados, uno, formado enteramente por ingenieros militares de los Estados Unidos, estudiará la porción designada para los países de Centroamérica; otro estudiará la sección de Colombia y Venezuela; y el tercero descenderá hasta Ecuador y Perú. Todavía no se han hecho provisiones para el estudio de Bolivia y la parte norte de Paraguay, ni para la ramificación de Huanchaca hacia Brasil.

Todo esto da a entender que la vía intercontinental está muy lejos de volverse una realidad. El sentir de los países sudamericanos, según se pudo detectar en el tono de sus representantes en la Comisión de Washington, es naturalmente a favor de un proyecto que ofrece condiciones de nuevos desarrollos para sus países. Hasta hubo una inclinación de creer en la eventual realización del proyecto. Pero las últimas ofertas recíprocas del gobierno estadounidense, que han sido recibidas por las repúblicas como muestras del absoluto egoísmo cínico anglosajón, han creado una profunda desconfianza hacia las propuestas estadounidenses en muchas mentes. Es evidente que el capital para el enorme proyecto no se encontrará en las empobrecidas repúblicas de Sudamérica.

Se juntará en los Estados Unidos, si es que llega a juntarse, y, dado que no podrá haber esperanza de una ganancia comercial durante años, o incluso generaciones, los intereses deberán tener una garantía gubernamental. Pero la garantía de las repúblicas pobres no será aceptada. La garantía deberá venir de los Estados Unidos. Y nada por nada es la condición de una oferta Yanqui. En respuesta a la cuestión de cómo esperan los Estados Unidos recuperarse del gasto, prevalece una fuerte convicción de que será de alguna u otra manera a costa de las repúblicas, y en esto se basan algunas opiniones prácticas de que el proyecto nunca se hará realidad. Los que tienen este punto de vista creen que Estados Unidos pondrá su precio y, dado que las repúblicas no tienen dinero, el precio será de concesiones políticas y comerciales que no pueden otorgar. Se rehusarán y el proyecto quedará abandonado. El nombramiento de un comité militar estadounidense para estudiar los países centrales también ha despertado la susceptibilidad de los sudamericanos, quienes temen a esa potencia y no tienen confianza en los designios de su vecino norteño. A Estados Unidos se le considera en cierto sentido como el rival de Inglaterra. Es gracias al capital inglés que los países sureños han conseguido su progreso actual, y existe un grupo significativo de personas que creen que cualquier paso para acercarse a los Estados Unidos es un paso que los aleja de un viejo y confiable amigo.

El mapa adjunto puede ser útil para entender la ruta propuesta de la vía férrea (representada por una línea punteada).

Fuente: The London Times

1891-septiembre-04

DISTURBIO EN NICARAGUA

Nueva York, 3 de septiembre.

Una carta al *World* desde Corinto, Nicaragua, con fecha del 23 de agosto, dice:

"Entre los pasajeros que salieron hoy de aquí en el barco a vapor de correo del Pacífico *Colima* estaban seis de los hombres más prominentes de la República de Nicaragua, que han sido enviados a Costa Rica como exiliados por oren del presidente Sacasa. El grupo incluía al Gral. Zavala y a los señores Rodríguez, Chamorro, Rivas, Guzmán y Ortiz. Será recordado que ellos fueron hechos prisioneros en el reciente disturbio en Granada. Los prisioneros fueron colocados en un vagón hoy para ser llevados a la estación de ferrocarril y enviados a Corinto en un tren especial. El vagón estaba custodiado por tropas. Mientras pasaba por las calles, el grupo fue rodeado por una muchedumbre que gritaba "liberen a los prisioneros". La multitud continuó haciendo demostraciones de enojo, y, al final, se les ordenó a los soldados que dispararan, lo cual hicieron, aunque nadie en la multitud fue herido. El tiroteo aumentó la exaltación, y, como los hombres que componían la multitud estaban armados, respondieron con disparos y mataron a siete hombres, incluyendo al gobernador del distrito y al teniente comandante de las tropas, tres soldados y dos espectadores. Se trajeron más soldados a la escena, y la multitud se dispersó sin más pérdidas de vidas. Los prisioneros fueron enviados a Corinto y puestos en el barco a vapor que los llevó a Punta Arenas. Hay una sensación de inquietud en Nicaragua en este momento debido a disensiones internas y a la posibilidad de problemas con Honduras. Tanto Nicaragua como Honduras tienen tropas en la frontera. La creencia general es que las hostilidades entre las fuerzas de los dos países pueden ocurrir en cualquier momento". — *Dalziel.*

Fuente: The London Times

1891-septiembre-10

HONDURAS

Nueva York, 9 de septiembre.

El siguiente telegrama de Tegucigalpa ha sido recibido por el *Herald*:

"La elección presidencial tomó lugar el domingo pasado y resultó en una victoria para el Gral. Ponciano Leiva, Ministro de Guerra, quien fue el nominado del partido progresista". — *Reuter.*

Fuente: The London Times

HONDURAS

Nueva York, 19 de septiembre.

El *Herald* publica hoy noticias de Colombia declarando que es recurrente un reporte sobre que el Gral. Bográn, expresidente de Honduras, ha sido asesinado en su oficina privada por un seguidor prominente del Gral. Barillas. — *Reuter.*

Fuente: The London Times

1891-septiembre-24

ELECCIÓN PRESIDENCIAL EN HONDURAS

Nueva Orleans, 23 de septiembre.

Se han recibido noticias aquí de la elección del Gral. Leiva como presidente de Honduras, superando por tres veces a la cantidad de votos dados a su oponente, el Gral. Bonilla. El Gral. Bográn, actual ocupante de la silla presidencial, apoyó al Gral. Leiva, cuya elección es tomada como un triunfo para la democracia. — *Dalziel.*

Fuente: The London Time

1891-octubre-17

PAZ EN CENTROAMÉRICA
Un tratado formal firmado entre Honduras y San Salvador.
Cablegrama especial al *New York Time* y publicado simultáneamente en el *The Inquirer*.

Tegucigalpa, Honduras, vía Galveston, Texas, 16 de octubre.

El tratado formal de paz y amnistía entre Honduras y San Salvador ha sido firmado. Esta acción asegura, por el momento, la paz y tranquilidad de los países centroamericanos. Se ha convocado al congreso a reunirse el 1 de noviembre. El primer tema después de la organización será la inauguración del presidente electo Leiva, quien fue el vencedor en las recientes elecciones.

Se están haciendo grandes preparativos en Comayagua, donde se reúne el congreso, para la celebración de la inauguración. El país, en general, parece estar complacido con el resultado de la elección.

Fuente: Philadelphia Inquirer

1891-noviembre-06

EL CONGRESO DE HONDURAS ENTRA EN SESIÓN

Cablegrama especial del *New York Herald* y publicado simultáneamente en *The Inquirer*.

Comayagua, Honduras (vía Galveston, Texas), 5 de noviembre.

El congreso empezó su sesión el día de hoy. El mensaje del presidente Bográn fue recibido y leído entre aplausos. Este declara que prevalece la paz en el país y que la libertad de los ciudadanos se mantiene sin estorbos.

Fuente: Philadelphia Inquirer

1891-noviembre-11

EL NUEVO PRESIDENTE DE HONDURAS

Cablegrama especial al *New York Herald* y publicado simultáneamente en el *The Inquirer*.

Tegucigalpa, Honduras, vía Galveston, Texas, 10 de septiembre.

Ponciano Leiva será el próximo presidente de Honduras. Los votos han sido contabilizados y el Sr. Leiva tiene la mayoría de más de 17,000. La elección se llevó a cabo de la manera más ordenada, sin haberse reportado disturbios en ninguna sección del país. El resultado ha dado satisfacción general, y el anuncio oficial de la elección del Sr. Leiva fue recibido con mucho entusiasmo.

Fuente: Philadelphia Inquirer

1891-noviembre-24

EL COMERCIO DE MADERA DE HONDURAS

El Buró de Repúblicas Americanas en Washington ha recibido información interesante sobre la industria maderera de Honduras. Los primeros leñadores en el territorio fueron a Belice hace 150 años, llevando consigo a sus esclavos y a su ganado, y desde ese momento Belice se ha ocupado principalmente de los diversos campos u obras de caoba, que se extienden entre los ríos Ulúa, Camaleón, Patuca y Wanks, en la costa atlántica. Actualmente las maderas más buscadas para envíos son la caoba, el cedro, el palisandro, el zebrano y la mora. La caoba y el cedro son las principales exportaciones, y son enviadas en su mayoría a Inglaterra, aunque recientemente se han tomado algunos contratos en los Estados Unidos.

El rango de precio de la caoba en Londres es de $110 a $175 por 1,000 pies superficiales, y el cedro de $90 a $180. El palisandro, el zebrano y la mora se cortan en longitudes pequeñas y enviadas como lastres. El palisandro se trae de $25 a $40 y la mora de $30 a $40. Los troncos se escuadran antes de enviarse. La madera en las tierras del gobierno es gratis para cualquiera que le pruebe al administrador de aduanas que tiene amplios medios para transportarla al mercado, habiéndose perdido una gran cantidad antes de la implementación de esta regla ya que se abandonó la madera y se pudrió después de ser talada.

Se puede cortar en cualquier momento del año, pero la mejor temporada es durante los meses de lluvia, para que los troncos puedan estar listos al principio de la temporada seca, el 1 de marzo. El campamento generalmente se compone de 20 a 50 hombres que se dividen en compañías, cada una con un capitán. Un capataz, a cargo de todo el campamento, lleva la cuenta de los troncos cortados y de otros detalles. Un hombre, llamado cazador, busca los árboles ideales para talarse y los reporta al capataz, quien examina cada uno. Se tiene cuidado de no talar árboles con una circunferencia menor a 8 pies. El corte se realiza por piezas, tres árboles de 8 a 12 pies son el trabajo del día de un hombre, y un árbol con 25 pies de circunferencia es el trabajo de un día para cuatro hombres. Más de 300 árboles son talados por un campamento en una temporada.

El transporte de los troncos a las orillas del río se realiza principalmente de noche. El salario de un capataz varía de $50 a $100 al mes, con un extra ocasionalmente; el primer capitán de $18 a $20 al mes, con raciones; y los leñadores $10 a $14 al mes, con raciones. Los impuestos de exportación en la caoba y el cedro son de $8 por 1,000 pies superficiales.

Fuente: The London Times

1891-diciembre-02

EL PRESIDENTE LEIVA HA SIDO INAUGURADO
Rumores de una revolución cerca de la frontera de Honduras.
Cablegrama especial al *New York Herald* y publicado simultáneamente en el *The Inquirer*.

Tegucigalpa, Honduras, 1 de diciembre.
La inauguración del presidente Ponciano Leiva se llevó a cabo el día de ayer en presencia de una gran cantidad de espectadores.

El General Bográn, el antiguo jefe ejecutivo, se ha retirado a Santa Bárbara. Las personas de la república se consideran profundamente en deuda con él por sus servicios durante su carrera presidencial. Sin embargo, hay rumores de que se ha desatado una revolución cerca de la frontera.

El objetivo de los insurgentes era capturar tanto al presidente nuevo como al antiguo y a los miembros del congreso. Sin embargo, el complot fue frustrado, y los revolucionarios han tomado las armas. Se informa que hay luchas en Nacaome.

Fuente: Philadelphia Inquirer

HONDURAS

Nueva York, 12 de diciembre.

El siguiente comunicado desde San Salvador ha sido recibido por el *Herald*:

"Noticias de Honduras declaran que el Sr. L. Sierra encabeza una revolución en contra del Sr, Velásquez, gobernador de Choluteca. El Sr. Sierra tiene 14,000 tropas bajo su mando. Se reporta que ahora está progresando una batalla. El Sr. Bonilla ha sido proclamado como presidente por los revolucionarios". — *Reuter*.

Fuente: The London Times

1892-enero-10

COLONOS DE HONDURAS ESTAFADOS
Una historia de dificultad contada por grupos que han llegado a casa.

Manchester, New Hampshire, 9 de enero.

Miembros de Manchester de una colonia que partió hacia Honduras hace dos meses llegaron a casa ayer. Ellos cuentan una historia de tergiversación y dificultades. La colonia fue organizada por la llamada Concesión de Tierras Perry, y se llevaron a cabo incentivos brillantes.

Se decía que el país producía todas las frutas y vegetales de los trópicos, que las aguas abundaban con peces, que en los bosques se podía cazar abundantemente, y que la tierra sería fácilmente despejada. Cuarenta y nueve personas salieron desde aquí, por Chicago y Nueva Orleans, a Trujillo, la capital de Honduras, y de allí, en barco a vapor, a la concesión de Perry, pero fueron incapaces de desembarcar, pues la costa de la concesión de Perry fue excesivamente dura y había también un oleaje tremendo.

El grupo finalmente efectuó un desembarque en un lugar llamado concesión de Burchard. El clima estaba hirviendo. No había frutas o verduras creciendo allí. La tierra, que podría ser fácilmente despejada, era casi una jungla impenetrable. Los peces eran tiburones y cocodrilos, y la caza un cerdo salvaje de espalda aguda, visto solo ocasionalmente.

Para añadir al resto, la fiebre malaria atacó a varios del grupo, matando a uno. El grupo fue provisto con muchas provisiones, que ellos mismos habían llevado, y no había peligro de hambrunas. Fueron llevados por un velero después de haber estado allí cuatro semanas. Se hicieron esfuerzos para encontrar a Perry, el motor principal de la colonia. Su oficina en Nueva Orleans fue cerrada y se dijo que él estaba en Europa. Algunos del grupo no solamente habían comprado tierras, sino que un hombre le pagó $120 para despejar ocho hectáreas. Sin embargo, la limpieza no se había hecho. El gasto por cada uno de los miembros del grupo, además de la pérdida de tiempo, fue de $400.

Fuente: The New York Times

1892-enero-12

NEGADO POR EL SR. PERRY
Su historia de los problemas del grupo que fue a Honduras.

Edward W. Perry, presidente de la Compañía de Concesión de Tierras Perry de Honduras, visitó la oficina del *Times* ayer para responder a las declaraciones hechas en un comunicado de Manchester, New Hampshire, que fue impreso en estas columnas el domingo. Él admitió que los querellantes eran miembros de un grupo que había comprado tierras en su concesión y que salieron desde Nueva Orleans el 18 de noviembre. Negó que la condición de la tierra fuera tergiversada a ellos, pero dijo en explicación a su decepción y retorno a los Estados Unidos: "Ellos no desembarcaron en el lugar, en Patuca, a la desembocadura del río Patuca, en mi concesión, sino que fueron a Iriona, a unas setenta millas de distancia, en otra concesión, donde permanecieron dos meses sin ir nunca cerca a la propiedad que habían comprado, y después regresaron.

"Ellos fueron desde Nueva Orleans, en un barco a vapor, y, cuando se acercaron a la desembocadura del Patuca, tuvieron miedo de ir a tierra debido al oleaje. Nuestro propio bote y el bote del barco hicieron cuatro o cinco viajes a través de las olas para demostrarles que era perfectamente seguro; algunas de las mujeres del grupo lloraron para que los botes los llevaran a tierra. Pero los hombres fueron persuadidos a no desembarcar, y, animados por el capitán del barco a vapor, prosiguieron a la concesión de Burchard, donde se encontraron con sus desagradables experiencias.

"El comunicado publicado ayer en el *Times* dice que mi oficina en Nueva Orleans fue cerrada. Bueno, yo nunca tuve una oficina en Nueva Orleans. También dice que yo estaba en Europa. No he estado en Europa, sino que he estado aquí en Nueva York, quedándome en el hotel Normandie. Se dice que en el grupo hubo un muerto. Eso sucedió en Iriona. Fue una niña, la pequeña hija de una familia de científicos cristianos que se negaron a permitir un tratamiento médico para su niña.

"Voy a seguir organizando grupos para que vayan y se establezcan en las tierras de mi concesión, confiando en que todo lo que ha sido afirmado se realizará. Un grupo debe salir de aquí el 19 de enero, y hay otros que vendrán de varias partes del país. Hay 1,250,000 hectáreas en la concesión, y la tierra es excesivamente fértil. Está en la esquina noreste de Honduras y está bien drenada por cuatro ríos de buen tamaño. Yo no dudo de lo que la gente dice acerca de su experiencia decepcionante; solo digo que no fueron cerca de mi concesión, sino que fueron a otro sitio diferente, a setenta millas de distancia. De ese error surgieron todos sus problemas".

Fuente: The New York Times

1892-febrero-27

PLANES DE HONDURAS
Planea hacer una exhibición de excepcional interés.

La República de Honduras está haciendo preparaciones especiales para su exposición en la feria mundial, e intenta superar a todos los demás estados centroamericanos en el tamaño y naturaleza de su espectáculo. W. S. Valentine, comisionado de Honduras en esta ciudad, ha recibido una carta del presidente Leiva en la cual son resumidos algunos planes, ya perfeccionados, para la exhibición, tal como está impreso en la *Gaceta Nacional*, el periódico oficial del gobierno.

Las exhibiciones están clasificadas bajo los títulos de minerales, maderas, agricultura, fármacos, reino animal, etnología, industrias e información general, y va a incluir una colección geológica mostrando la riqueza mineral de Honduras en la construcción de piedra, así como piedras semipreciosas, como los ópalos. Un modelo funcional de tamaño natural de una deriva de ópalo será mostrado, con mujeres nativas cortando y puliendo las piedras. Treinta compañías mineras serán representadas en la muestra. La seguridad de todos los bienes será garantizada a los expositores por el gobierno.

Se mostrará en operación maquinaria para hacer azúcar y también artesanías tan peculiares de Honduras como la fabricación, bajo el chorro de agua, de los llamados sombreros de paja "Panamá". Una casa construida con las distintas plantas fibrosas del país será mostrada, y en la elaborada cafetería que será servida por jóvenes nativas en traje, se hará una especialidad de los platos básicos del país: tortillas, frijoles y tamales.

Todo tipo de aves y cuadrúpedos serán mostrados, así como industrias típicas del país. Una colección de pinturas por artistas modernos de Honduras será exhibida, y, en el edifico del gobierno, será ofrecida toda la información posible en cuanto a la historia, leyes y sistema educativo del país, así como una colección completa de las monedas de Honduras.

Fuente: The New York Times

1892-marzo-14

LOS ESTADOS UNIDOS

Filadelfia, 12 de marzo.

Se espera que el presidente emita durante la siguiente semana una proclamación de represalia en contra de los países que no tienen relaciones comerciales recíprocas con los Estados Unidos bajo el arancel McKinley. Afecta principalmente a los países centroamericanos, Colombia, Nicaragua, Honduras, Venezuela y Haití.

El Senador Hill deja Washington mañana por la noche en una peregrinación política hacia el sur para promover sus aspiraciones presidenciales. Se dirigirá a la legislatura de Misisipi en Jackson el martes, y después visitará Birmingham, Alabama.

Las acciones cerraron hoy estables, las tasas monetarias se endurecieron debido a la fuerte fuga de dinero de Nueva York para usos interiores, cuyo drenaje se espera que continúe hasta abril. — *Nuestro corresponsal.*

Fuente: The London Times

1892-mayo-02

RECIPROCIDAD CON HONDURAS
Artículos que, después del 25 de mayo, serán admitidos libres de impuestos.

Washington, 01 de mayo.

La siguiente proclamación se ha hecho pública:

Considerando que, de conformidad con la sección 3 del acta del congreso, aprobada el 01 de octubre de 1890 titulada "un acta para reducir los ingresos y equiparar los aranceles a las importaciones y para otros fines", el secretario de estado de los Estados Unidos de América le comunicó al gobierno de Honduras la acción del congreso de los Estados Unidos de América con el objetivo de asegurar el comercio recíproco al declarar los artículos enumerados en dicha sección 3 como libres de impuestos en su importación a los Estados Unidos de América; y,

Mientras, el cónsul general de Honduras en Nueva York ha comunicado al secretario de estado que, en reciprocidad por la admisión en los Estados Unidos de América, libre de todo impuesto, de los artículos enumerados en la Sección 3 de dicha acta, el gobierno de Honduras, mediante la debida promulgación legal como medida provisional y hasta que se pueda negociar y poner en funcionamiento un acuerdo más completo, admitirá libre de impuestos, a partir del 25 de mayo de 1892, en todos los puertos de entrada establecidos en Honduras, los artículos de mercancía nombrados en la siguiente lista, siempre que los mismos sean productos hechos en los Estados Unidos:

Lista de productos y artículos manufacturados de los Estados Unidos que la República de Honduras admitirá libres de todos los derechos de aduana, municipales y de cualquier otro tipo:

1. Animales para propósitos de crianza.
2. Maíz, arroz, cebada y centeno.
3. Frijoles.
4. Heno y paja para forraje.
5. Frutas frescas.
6. Preparaciones de harina en galletas, galletas no endulzadas, macarrones, fideos y tallarines.
7. Carbón mineral.
8. Cemento romano.
9. Cal hidráulica.
10. Ladrillos, ladrillos de fuego y crisoles para derretir.
11. Mármol preparado para muebles, estatuas, fuentes, lápidas y para construcciones.
12. Alquitrán, vegetal y mineral.
13. Guano y otros fertilizantes, naturales o artificiales.
14. Arados y todas las demás herramientas agrícolas e implementos.
15. Maquinaria de todo tipo, incluyendo máquinas de coser y partes separadas o extras de las mismas.
16. Materiales de todo tipo para la construcción y equipo de ferrocarriles.
17. Materiales de todo tipo para la construcción y operación de líneas telefónicas y de telégrafo.
18. Materiales de todo tipo para alumbrado por electricidad y gas.
19. Materiales de todo tipo para la construcción de muelles.
20. Aparatos para destilar licores.

21. Maderas de todo tipo para construcción, en troncos o piezas, vigas, tablones, tablas, tejas o pisos.

22. Duelas de madera, cabezas y aros, y barriles y cajas para embalaje, montados o en piezas.

23. Casas de madera o hierro, completas o en partes.

24. Vagones, carros y carruajes de todo tipo.

25. Barriles y tanques de hierro para el agua.

26. Tubos de hierro y todos los accesorios necesarios para el suministro de agua.

27. Alambre, púas y grapas para cercos.

28. Placas de hierro para la construcción.

29. Menas de minerales.

30. Hervidores de hierro para hacer sal.

31. Hervidores de azúcar.

32. Moldes para azúcar.

33. Cuerdas para fines mineros.

34. Hornos e instrumentos para la preparación de metales.

35. Instrumentos científicos.

36. Modelos de maquinaria y edificios.

37. Barcos, encendedores, aparejos, anclas, cadenas, líneas de navegación, velas y todos los demás artículos para embarcaciones que se utilizarán en puertos, lagos y ríos de la república.

38. Materiales de imprenta, incluyendo prensas, tipografía, tinta y todos los demás accesorios.

39. Libros impresos, panfletos y periódicos, mapas vinculados o no vinculados, fotografías, música impresa y papel para música.

40. Papel para imprimir periódicos.

41. Mercurio.

42. Piedra de imán.

43. Lúpulo.

44. Sulfato de quinina.

45. Oro y plata en barras, polvo o monedas.

46. Muestras de mercancías cuyos impuestos no excedan de $1.

Se entiende que los paquetes o coberturas en los que los artículos mencionados en la lista anterior sean importados deberán ser libres de impuestos si son usuales y apropiados para el propósito.

Y que el Gobierno de Honduras ha estipulado, además, que las leyes y regulaciones, adoptadas para proteger sus ingresos y prevenir fraude en las declaraciones y probar que los artículos mencionados en la lista anterior son producidos en los Estados Unidos de América, no deberán imponer cargos adicionales en el importador ni restricciones indebidas en los artículos importados; y

Mientras que el secretario de estado, por mi dirección, le ha asegurado al cónsul general de Honduras en Nueva York que esta acción del gobierno de Honduras al otorgar libertad de aranceles a los productos y manufacturas de los Estados Unidos de América en su importación en Honduras, y al estipular un acuerdo de reciprocidad más completo, se acepta como una reciprocidad debida para la acción del congreso como se establece en la sección 3 de dicha acta.

Ahora, por lo tanto, sea sabido que yo, Benjamin Harrison, presidente de los Estados Unidos de América, he causado las modificaciones, arriba mencionadas, de las leyes de aranceles de Honduras para ser hechas públicas para la información de los ciudadanos de los Estados Unidos de América.

En testimonio de lo cual he puesto aquí mi mano y hago la colocación del sello de los Estados Unidos. Hecho en la ciudad de Washington, este día 30 de abril de 1892, y de la independencia de los Estados Unidos de América el ciento dieciséis.

Benjamin Harrison.

Por el presidente.

James G. Blaine, Secretario de Estado.

Fuente: The New York Times

RECIPROCIDAD CON HONDURAS
El presidente Harrison emite su proclamación con los catálogos.

Cablegrama especial para el The Inquirer.

Washington, 1 de mayo.

El presidente Harrison ha emitido una proclamación de reciprocidad con el gobierno de Honduras, que entrará en efecto el 25 de mayo.

Los artículos principales que Honduras admitirá gratis de este país son animales, maíz, frijoles, heno, frutas, preparados de harina, carbón, cemento, limas, ladrillos, mármol, alquitrán, fertilizantes, implementos agrícolas, maquinaria y ferrocarriles, materiales telefónicos y de telégrafo, madera, vagones, barriles, tubos de hierro, alambre, botes, materiales de imprenta y documentos impresos, papel, oro y plata.

Fuente: Philadelphia Inquirer

1892-mayo-15

DESTERRADO DE HONDURAS
El presidente Leiva exilia a hombres líderes por razones políticas.

Cablegrama especial al New York Herald y publicado simultáneamente en el The Inquirer.

San Salvador, 14 de mayo.

El presidente Leiva, de Honduras, ha desterrado a Policarpo Bonilla, al General Dionicio, al General Gutiérrez, al Dr. Enrique Lozano y a otros por razones políticas.

El gobierno de Ecuador ha cancelado el exequatur de Mandiola Boza, su cónsul en El Salvador, quien recientemente huyó de este país al conocer la orden de los juzgados de examinar sus cuentas como administrador de correos en su tierra nativa.

Fuente: Philadelphia Inquirer

REVOLUCIÓN EN HONDURAS

Nueva York, 1 de junio.

El barco a vapor *Miranda*, que arribó aquí esta mañana desde puertos centroamericanos, trae información de la captura de Puerto Cortés por los revolucionarios el día 18 del mes pasado. El *Miranda* entró al puerto de Cortés, que está situado en la bahía de Honduras, esta mañana. Media hora después, una bien armada corbeta apareció en la bahía y navego por ella. Mientras el capitán Leseman, del *Miranda*, se estaba preparando para ir a tierra, la corbeta disparó un proyectil al barco a vapor que pasó por encima de la barandilla. Esto fue seguido por otro disparo, que falló a la embarcación por 2 pies, pero impactó a la aduana, que mira al puerto, y derribó el frente.

La escena en la costa estaba llena de bullicio. La gente, evidentemente exaltada, se apresuró a la playa y de vuelta a la ciudad. Pronto fueron convencidos de que la corbeta llevaba revolucionarios, ya que el Gral. Bonilla, quien ha estado organizando una revuelta en contra del gobierno, fue visto dirigiendo el ataque. Antes de que se pudiera reunir una fuerza para la defensa del puerto, muchos proyectiles fueron disparados hacia las calles e hicieron ejecuciones bruscas. Estando escasos de armas cortas, munición y cañones, las tropas del gobierno fueron incapaces de resistir el ataque. Se usaron algunas armas grandes de un viejo buque de guerra en el puerto, pero sin mucho efecto.

Cerca del *Miranda* estaba una goleta estadounidense, el *Fred P. MacLean*, de Nueva Orleans, que fue impactado por un proyectil de la corbeta. Una porción del bauprés fue destruida, y los fragmentos voladores golpearon a muchos de los marineros, que resultaron seriamente heridos. La goleta entonces izó la bandera estadounidense y los revolucionarios detuvieron el fuego hacia ella. El capitán Leseman, encontrando la situación desagradable, rápidamente levantó el ancla y navegó hacia Livingston, donde el *Miranda* estaba fuera de alcance del fuego de la corbeta.

Los revolucionarios, dirigidos por el Gral. Bonilla, desembarcaron y forzaron a los soldados de la República a retirarse al norte de la playa, donde tuvo lugar una escaramuza con rifles. Cerca de 40 soldados fueron asesinados, muchos fueron heridos y el resto huyó. Después, los revolucionarios asaltaron la aduana. Al descubrir que los oficiales habían huido con el dinero y los papeles, destruyeron completamente el edificio. La ciudad estaba ahora totalmente a merced de los invasores, quienes arrasaron varios de los edificios, destrozaron los metales del ferrocarril y cortaron el telégrafo y los cables. Después de capturar la ciudad, el Gral. Bonilla, con la pequeña fuerza a su mando, procedió hacia el interior en persecución de aquellos que huyeron. Hasta donde se pudo saber, trajo en primera instancia solo 24 hombres de Guatemala, pero su fuerza fue aumentada significativamente en Livingston.

Al momento de la partida del *Miranda*, se creía que las personas en el interior se congregaban en grandes cantidades para su apoyo, y es probable que la revuelta se generalice. — *Dalziel*. (Especial del *Times).*

Fuente: The London Times

1892-junio-28

BURKE EN PROBLEMAS FINANCIEROS
Al tesorero estafador de Luisiana no le va bien en Honduras.

Mobile, Alabama, 27 de junio.

Un grupo de civiles llegó hoy desde Honduras en la goleta *Royalist*, habiendo pagado $100 cada uno por su pasaje. En su mayoría son exploradores y comerciantes, ninguno de reputación nacional, salvo el Cnel. C. H. Taylor, de St. Paul, quien posee la concesión para el Ferrocarril Internacional de Honduras.

La vía se está construyendo desde Trujillo hasta Puerto Cortés y San Pedro Sula. No traen noticias de la revolución, pero dicen que el mayor E. R. Burke, ex tesorero incumplido de Luisiana, está en Tegucigalpa, y, aparentemente, en malas condiciones financieras. Burke y sus asociados han perdido $500,000 en aventuras mineras no rentables.

La concesión otorgada a él por el gobierno de Barrios incluyó cerca de 120 millas cuadradas de la región de Olancho, en la cual están los campos más ricos de oro del país. Se estima que el oro está presente en grandes cantidades, pero está en una locación de tan difícil acceso que, hasta ahora, la inversión para trabajar ha resultado en pérdida.

Un cuarto de millón se perdió en la construcción de un canal artificial en el río Yappa, para que el estilo primitivo de lavar el oro en las corrientes rápidas del cañón pudiera ser abandonado. Burke luego entró en la minería de plata, pero un desbordamiento se llevó $60,000 de material para la minería.

Fuente: The New York Times

1892-julio-03

REVOLUCIÓN EN HONDURAS
Los rebeldes capturan un buque de vapor estadounidense.

Trujillo capturado y el líder del gobierno hecho prisionero – Causas que llevaron al estallido actual.

Nueva Orleans, 02 de julio.

El buque a vapor *Professor Morse,* que llegó al mediodía de hoy, trajo noticias de la captura del buque a vapor *Joseph Oteri Jr.* mientras estaba en el puerto de Ceiba, Honduras hispana, por los revolucionarios. Los oficiales dieron detalles muy escasos del asunto, pero sus declaraciones, junto con las cartas privadas y los periódicos traídos por el barco, permiten contar una interesante historia, no solo de la revolución, sino de las causas que llevaron a ella.

Esta última revuelta, que muchos predicen que será exitosa, se ha estado gestando casi desde la elección del Dr. Ponciano Leiva como presidente del país para suceder a Bográn. Honduras se dividió en dos partidos: los conservadores y los liberales. El presidente Bográn lideró a los conservadores y se esforzó por elegir a su cuñado, Próspero Vidaurreta, como su sucesor. Los liberales no tenían un líder, con el Gral. Arias muriendo y Marco A. Soto estando en exilio, pero ellos fijaron a Policarpo Bonilla, un popular abogado joven, como su candidato. La campaña fue muy amarga, y, cuando los conservadores vieron la derrota inminente, retiraron a Vidaurreta y anunciaron que Bográn no tendría más participación en el gobierno; pero él, al estar ansioso por preservar su país, llamó al Dr. Leiva a asumir el cargo.

Leiva es el Cincinato hondureño. Es un médico retirado, un hombre rico y de educación, pero él se dedica a su gran plantación y a su familia y se opone a los cuidados de la vida activa. "Mi país dice que me necesita", remarcó, "y yo vendré, pero no pretendo ir activamente a la política, y, si el cargo se vuelve muy problemático, pueden tenerlo de vuelta".

Gran parte de la oposición murió ante el nombre de Leiva, y fue elegido. Desde entonces él no ha prestado mucha atención al cargo, dejando la dirección de los asuntos al impopular Vidaurreta, nombrado ministro de finanza, y Carlos Alvarado, gerente del banco de Honduras, fue nombrado ministro de guerra, con Bográn siendo el espíritu dominante. El trío cambió al personal del gobierno, subió los impuestos y pusieron impuestos a izquierda y derecha, evidentemente con la idea de enriquecerse a ellos mismos y preparándose para la inevitable revolución. Si ellos no hicieron esto ellos mismos, los oficiales que nombraron demostraron ser recaudadores de impuestos implacables, y uno de estos casos ha sido la causa directa de la actual revoución.

Bajo la administración de Bográn, el Cnel. Leonardo Nuila fue, por seis años, el recolector del puerto de Ceiba y comandante militar del departamento. Entre otras cosas, estaba a cargo de la venta de tabaco y whiskey para el gobierno, siendo esa una fuente principal de ingresos. El Cnel. Nuila es hijo del Gral. Pablo Nuila, uno de los principales hombres del gobierno en el ejército, quien dejó Nueva Orleans ayer con dirección a Nueva York con el fin de hacerse una cirugía en sus ojos, y no ha escuchado aún de la revuelta. El Nuila más joven tiene unos treinta y cinco años, es guapo, popular, progresista, ha hecho a la costa productiva y rentable, y se esforzó por la gente. Él estaba casado con la hija del Gral. Gerónimo Zelaya, difunto ministro de relaciones exteriores. La dama murió hace seis meses, casi al momento de la elección, y el Cnel. Nuila obtuvo un permiso de ausencia para traer a sus hijos a casa desde Tegucigalpa.

Cuando el nuevo presidente fue inaugurado, todos los oficiales del gobierno siguieron la costumbre de enviar sus renuncias, entre ellos Nuila. Para la sorpresa de muchos, la renuncia de Nuila fue aceptada. Su sucesor fue Roque Jacinto Muñoz, quien había sido recolector y administrador de los ingresos de todo el país. Él fue nombrado inspector de aduanas y general del departamento de la costa, dándole control de los puertos. En sus primeros actos despidió a todos los antiguos empleados, se apoderó de todos los registros y después pidió a todos los antiguos oficiales hacer arreglos. Él le hizo tal demanda a Nuila, y este dijo que le era imposible cumplir, pues todos sus registros se le habían sido quitados.

Muñoz también se propuso recaudar ingresos para el gobierno, incluso a punta de bayoneta. Los comerciantes que se rehusaron a pagar la suma por el tributo fueron sacados de sus camas por la noche y fueron forzados a pagar el triple del impuesto original. El partido liberal obtuvo muchos conversos, y Nuila prevaleció fácilmente para convertirse en líder.

Roque Jacinto Muñoz, el líder del gobierno en la costa, es un hombre de edad media, un nativo moreno, quien empezó su vida como tabernero en el hotel American en San Pedro Sula. Después fue un empleado en la mina de oro Santa Cruz hasta que entró en el ejército; llamó la atención de Bográn, fue nombrado teniente coronel y estacionado en Roatán.

Mientras tanto, Muñoz mejoró enormemente su fortuna al casarse con una rica viuda francesa y se mudó a Tegucigalpa, donde fue nombrado recolector de ingresos. Un defecto en un ojo le da un aspecto amenazante y feroz, y es conocido como "el hombre tuerto". Muñoz sospechaba que el duro gobernar de su régimen, tarde o temprano, causaría un levantamiento, y se empezó a preparar temprano para eso, ordenando armas a través de empresas de Nueva Orleans. El primer envío consistió en 50 fusiles Winchester repetidores y 10,000 cartuchos. El segundo envío, de 200 rifles y 50,000 cartuchos, llegó aquí la mañana en la que se fue el buque a vapor *Pizzatti*, y así se detuvo hasta que el *Oteri* zarpó. El Gral. Muñoz tenía a las mismas empresas figurando en una orden de 2,000 rifles y 500 barriles de municiones, y se tenía que enviar una respuesta ayer.

De alguna manera, el partido rebelde se dio cuenta de las compras y se determinó a actuar antes en consecuencia. La fortuna favoreció sus planes. El *Oteri* usualmente iba primero a Trujillo, llegando a Ceiba en el viaje de regreso. Esta vez fue de Nueva Orleans a Ceiba. Su llegada sirvió como una señal para el levantamiento.

Al mediodía del sábado 23 de junio, el Gral. Nuila y cincuenta hombres marcharon hacia los cuarteles y la aduana, defendidos por el Cnel. Indalecio Argueta y veinticinco hombres. Se dice que el coronel no ofreció mucha resistencia, pero la guarnición peleó hasta que el siguiente al mando, el teniente Santiago Hernández, fue asesinado y muchos fueron heridos.

Cuando la ciudadela se rindió, el ejército revolucionario creció rápidamente, y, poco después, Nuila dirigió una flota de canoas y 500 hombres hacia el *Oteri*, ansioso por asegurar las armas. El capitán Challoner protestó en contra de ser abordado por los hombres armados e instó a su ciudadanía estadounidense, pero los rebeldes abordaron y tomaron posesión del barco. El capitán Challoner fue al cónsul estadounidense de inmediato, y este, a su vez, fue con Nuila. El general rebelde dijo que eso era un caso de necesidad. Las armas se necesitaban; también el barco. Si la revolución tenía éxito, él le pagaría al *Oteri* $150,000 por el barco. Si fallaba, el gobierno hondureño tendría que hacerse responsable.

Los revolucionarios se armaron, y, tan pronto como cayó la noche, el *Oteri* se dirigió a Trujillo, donde el Gral. Muñoz estaba al mando e inconsciente de la inminente perdición. Es un viaje de tres horas desde Ceiba. Se dice que el general estaba en un baile. En todos los eventos Nuila y su ejército no tuvieron problemas. Muñoz fue tomado por sorpresa y capturado, la bandera de la revolución fue izada y la gente acudió a ella regocijándose. No hubo ningún disparo, pero se anunció que, a las 8 en punto de la mañana del domingo, Muñoz sería ejecutado.

Los rebeldes creían en el trabajo rápido. Dividieron fuerzas, dejando un grupo para fortificar Trujillo y mandando al resto a Roatán para capturar armas y fortificaciones allí y en el resto de las islas de la bahía, y para transportar reclutas al continente.

Los otros barcos en Ceiba no fueron dañados. Se dejó al *Professor Morse* tranquilo, y, el Gral. Francisco Peralta, puesto al mando de Ceiba por los rebeldes, dio órdenes de permitir al *S. Oteri*, otro barco estadounidense de Nueva Orleans, a cargarse con bananas, y le consiguió a su tripulación toda la protección.

Las noticias de la revolución se esparcieron como un fuego salvaje por toda la costa. El estandarte rebelde fue alzado y los hombres se reunieron alrededor de este. Todo el departamento de Yoro vino a la causa.

Casos de crueldad, natural para tal movimiento, han sido reportados. Una familia de siete, al temer disturbios, buscaron seguridad al escapar hacia el interior. Los rebeldes confundieron su misión y los emboscaron. El incidente muestra cuán rápido se reunieron los revolucionarios. El *Professor Morse*, que llegó hoy, dejó Honduras el 28 de junio y su capitán ya había escuchado que el Gral. Bonilla, quien ha sido un líder revolucionario por años, marchó con un ejército a Tegucigalpa y la capturó sin mucha dificultad. Si eso es verdad, la revolución debe estar prácticamente en su final, y los liberales, después de su larga, paciente y desesperada lucha, están por fin a cargo del país.

Fuente: The New York Times

1892-julio-06
EL OTERI JR. EN NUEVA ORLEANS
Su dueño demandará por daños a Honduras.

Nueva Orleans, 5 de julio.

El barco a vapor estadounidense *Oteri Jr.*, que fue capturado por los revolucionarios en Ceiba, Honduras hispana, el 23 de junio, llegó a la desembocadura del Mississippi esta mañana en lastre, y está ahora en cuarentena.

Nadie de la tripulación del *Oteri* fue herido por los revolucionarios. Los insurgentes tuvieron éxito en su ataque naval a Trujillo, y, después de desembarcar a sus fuerzas, permitieron que la embarcación zarpara a su puerto natal.

Esta perdió su cargamento, que consistía en frutas y era perecedero, y Joseph Oteri, su dueño, declara que le pedirá al gobierno que haga cumplir un fuerte reclamo de indemnización contra los hondureños.

Fuente: The New York Times

1892-julio-07

LA REVOLUCIÓN EN HONDURAS
El Gral. Nuila atrayendo reclutas a su estandarte de todos lados.

Nueva Orleans, 06 de julio.

Se estableció comunicación hoy con el barco a vapor *Joseph Oteri Jr.*, ahora en cuarentena.

El capitán Challoner dice que él y su tripulación fueron tratados generosamente por los insurgentes después de la captura de la embarcación en Ceiba, y que los revolucionarios le dieron el más debido respeto a la bandera estadounidense. El comandante de los insurgentes levantó su sombrero cortésmente a las estrellas y rallas, y declaró que solo la necesidad extrema los obligó a capturar la embarcación y que sus dueños serían indemnizados.

Los comerciantes en Trujillo también se ofrecieron a cargar la embarcación con un cargamento de frutas para reembolsar a sus dueños por la detención del barco. A esto se rehusó el capitán, reservándose el derecho de hacer un reclamo mediante el gobierno estadounidense.

El *Oteri* reporta que el ataque en Roatán, hecho por los insurgentes que lo capturaron, no tuvo éxito, ya que tuvo que hacerse en canoas, y los primeros que llegaron a la costa fueron capturados. Las fuerzas entonces se retiraron y el *Oteri* zarpó hacia Ceiba, donde fue liberado y se apresuró a regresar a Nueva Orleans.

El *S. Oteri*, un barco a vapor que no fue molestado, llegó esta tarde y trajo noticias recientes. Su tripulación dice que Roatán, cuando sus ciudadanos descubrieron la naturaleza del levantamiento, se rindió voluntariamente, y que las noticias de la revolución se esparcieron a todos lados y se probó inmensamente popular. Se estableció comunicación con las ciudades del interior por telégrafo y se notificó a la gente de todas partes que estaban listos para marchar sobre Tegucigalpa y otras fortalezas de Leiva.

El Gral. Nuila empezó su marcha la mañana del 29, dejando Ceiba con 200 de caballería y 200 de infantería, todos bien armados con rifles Winchester. Además de las armas capturadas en el *Joseph Oteri Jr.*, se dice que otro envío fue capturado en el barco a vapor estadounidense *Rover*. El pequeño ejército creció rápidamente a cada paso y se estimó que 4,000 tropas participarían en el ataque sobre la capital.

La noticia es que los simpatizantes del gobierno están buscando seguridad huyendo, y se les muestra poca piedad. El *Oteri* no escuchó de ninguna batalla decisiva antes de partir.

Una escolta fue enviada a Livingston para invitar al Gral. Bonilla a regresar del exilio y asumir control del nuevo gobierno, cuando este fuera establecido. El grupo no ha regresado aún, y se temía que hubieran tenido algún accidente. Se dice que los estadounidenses están, voluntariamente, ayudando a la revolución, y un grupo de ellos notificó al cónsul Toca, en Ceiba, que ellos no deseaban protección estadounidense, pero se arriesgarían a la fortuna de la guerra.

Las estimaciones conservadoras indican que la guerra terminará en una semana o diez días, y para ese momento se espera que el nuevo gobierno esté firmemente establecido.

Fuente: The New York Times

1892-julio-09

TRIUNFO REVOLUCIONARIO
Captura reportada del presidente de Honduras.

Ciudad de México, 8 de julio.

El *Anglo-American* (periódico) tiene un comunicado especial de Honduras anunciando el triunfo total de la revolución y la captura del presidente Leiva.

Fuente: The New York Times

MULTADO POR EL TÍO SAM
El barco Oteri debe pagar por llevar armas a Honduras.

Nueva Orleans, 11 de julio.

El gobierno de los Estados Unidos ha tomado partido en el asunto de la captura del barco a vapor estadounidense *Joseph Oteri Jr.*, por los insurgentes de la Honduras hispana. Sin embargo, en lugar de afirmar su poder para cobrar daños por el buque, está procediendo en contra de este por violación de las leyes de neutralidad.

Por demanda del cónsul de Honduras en Nueva York, el secretario del tesoro pidió hoy al recaudador de aduanas Warmouth recolectar $500 como multa a la embarcación por entregar veinte cajas de rifles y veinticinco cajas de munición a los insurgentes, y por transportar tropas de estos de Ceiba a Trujillo.

El recaudador también ha sido instruido para colocar oficiales de aduana para vigilar el barco mientras esté en el puerto, para prevenir que el barco ayude más a los insurgentes, ya sea transportando armas o llevando filibusteros a la escena de la revolución.

Fuente: The New York Times

HONDURAS CIERRA SU COSTA

Londres, 22 de julio.

El ministro británico para Guatemala ha telegrafiado al ministerio de relaciones exteriores diciendo que el gobierno de Honduras ha cerrado su costa para el comercio extranjero.

Fuente: Philadelphia Inquirer

LA REVOLUCIÓN EN HONDURAS
Se anuncia que el gobierno, de nuevo, tiene la ventaja.

Nueva Orleans, 07 de agosto. El barco a vapor *City of Dallas* llegó ayer con la más reciente información sobre la revolución en la Honduras hispana. Parece ser que, una vez más, el gobierno tiene la ventaja y que Leiva y su gabinete permanecerán al control. Él ha fletado el barco a vapor *S. Pizzatti*, una embarcación de Nueva Orleans, y la ha convertido en un barco de guerra, cargándolo con soldados. Salió de Puerto Cortés para atacar Ceiba.

Se reporta que se peleó una batalla campal en Ceiba entre los revolucionarios y las tropas del gobierno, en la cual estos últimos fueron victoriosos. Se dice que el *S. Pizzatti* ha contribuido materialmente al resultado al bombardear a los revolucionarios con artillería ligera, con la cual había sido armado. El bombardeo dispersó a los rebeldes y estos huyeron desordenados hacia los bosques.

Se reporta que el gobierno ha sido reforzado por la adición de un grupo de insurgentes que desertaron de Milla y marcharon a Puerto Cortés. El comandante de este grupo reveló los movimientos de los revolucionarios. Ellos planean marchar secretamente hacia Comayagua el 04 de agosto y capturar esa ciudad. En caso de que tengan éxito, ellos bombardearán y destruirán todos los edificios públicos y la residencia de Leiva, y, además, vaciarán los cofres de la tesorería y quemarán todos los papeles importantes que logren conseguir.

Espías han estado en comunicación con Milla diariamente, y el plan probablemente habría derrocado al gobierno de no ser por la información recibida. La noticia fue enviada a Leiva y a otros, y ahora una gran fuerza está resguardando la capital.

Fuente: The New York Times

1892-agosto-09

LOS INSURGENTES SON DISPERSADOS
Una lucha desesperada contra los rebeldes de Honduras.
El pueblo de Ceiba bombardeado y sus habitantes buscan refugio en los bosques – El Gral. Bonilla y los otros líderes rebeldes logran escapar.

Nueva Orleans, 08 de agosto.

Durante las últimas dos semanas, rumores ambiguos y ominosos de un ataque de las fuerzas del gobierno a Ceiba y Trujillo han estado a flote, y ha habido reportes de Utila de que el barco a vapor *S. Pizzati* ha sido visto en la costa en varios puertos, en Tela, Puerto Cortés, Omoa y Roatán, llevando a bordo cañones, soldados y municiones de guerra en preparación de un ataque, por tierra y mar, sobre las ciudades de Ceiba y Trujillo.

La veracidad de estos reportes fue totalmente confirmada por la aparición en la costa, a las 5 p.m. del 27 de julio, a nueve millas de Ceiba, del *S. Pizzati*. Pronto llegaron mensajeros a Ceiba declarando que el barco estaba desembarcando tropas en la costa y de que estaba armado con cañones, y que, probablemente, se haría un ataque durante la noche.

En anticipación a este ataque, las fuerzas de Nuila, bajo el Gral. Manuel Bonilla, construyeron barricadas por toda la costa y en la parte de atrás de la ciudad. Un cañón de doce libras, que fue obtenido de Trujillo, ha sido colocado en la playa al frente de la aduana para proteger las barricadas y la costa.

En la noche del 27 de julio muchos residentes de Ceiba, una gran porción siendo mujeres y niños, huyó precipitadamente a los bosques y a los asentamientos al este de Ceiba, y los residentes extranjeros, en su mayoría franceses, estadounidenses y españoles, levantaron la bandera nacional para asegurar protección para sus vidas y propiedades. El Dr. J. L. Posey, de la Junta de Salubridad del estado de Luisiana, afortunadamente fue capaz de refugiarse a bordo del barco a vapor *S. Oteri*, que llegó a Ceiba la tarde del 26 de julio.

Durante la noche del 27, el *Oteri* navegó al este, a cuatro millas de Ceiba, y ancló frente a la costa. Era imposible observar los movimientos del *Pizzati* durante la noche del 27 debido a la distancia y al clima brumoso y nublado. A las 6:30 a.m. del 28 de julio, el *Pizzati* fue visto desde las cubiertas del *Oteri* a unas seis millas de distancia de la costa, al alcance de la villa de Bonito, navegando lentamente por la costa.

A las 7:10 a.m. un pequeño bote a vapor, el *Ironne*, propiedad de un ciudadano francés, E. H. Pottin, que había sido capturado previamente por el grupo de Nuila como transporte militar y para reconocimiento de la costa, se puso en marcha desde Ceiba navegando cerca de la costa hacia el oeste en dirección del *Pizzati*, y, cuando estuvo a una y media millas de este, se hicieron cuatro disparos solidos en su dirección y varios proyectiles llegaron a tierra, explotando en la villa de Bonito, Juan, López y Juan Leandro. El viaje de reconocimiento del *Ironne* resultó en que fue varado por los disparos del crucero y su subsecuente captura.

El *Pizzati* siguió avanzando lentamente por la costa manteniéndose a dos millas y media de esta, y disparando proyectiles ocasionalmente hacia los densos bosques tropicales y a la maleza que rodean la costa con el objetivo de cubrir el avance de las fuerzas terrestres y de aterrorizar a los rebeldes y a los habitantes. El bote a vapor fue visto después llevando a tierra a soldados desde el *Pizzati*, bajo cobertura de disparos. Los puestos de avanzada de los insurgentes, a lo largo de la carretera de la costa oeste que lleva a Ceiba, se retiraron rápidamente ante el fuego constante de las columnas de avance de las fuerzas de Leiva y el ocasional baño de plomo desde el *Pizzati*.

Mientras la embarcación se acercaba a Ceiba y las fuerzas de Leiva atacaban la ciudad en la playa y en la retaguardia, el *Pizzati* se mantuvo alejado, hacia el noroeste, y arrojó varios proyectiles hacia Ceiba. Después de una pelea desesperada entre las tropas de Nuila y del gobierno, que duró una hora y media, los insurgentes retrocedieron de su primera barricada en la playa a la aduana, y, viendo que eran desiguales para resistir en contra de los números superiores de las tropas de Leiva que se acercaban rápidamente a su retaguardia y flanco, huyeron precipitadamente. En esta intersección, el Gral. Manuel Bonilla, Don Pablo Ayes Canelas, y otros oficiales y líderes de las fuerzas insurgentes de Nuila, huyeron a las montañas y consiguieron escapar.

Pero se hizo un disparo del cañón de doce libras en la playa en respuesta al primer proyectil del *Pizzati* lanzado hacia Ceiba, ya que los artilleros fueron deshabilitados por la primera oleada de la columna de avance de las tropas del gobierno. No se conoce cuál ha sido el grado de los daños a las propiedades y las pérdidas de vida por el bombardeo temerario hacia la costa indefensa entre Ceiba y Bonito, a una distancia de seis u ocho millas, pero se dice que diez personas murieron y cincuenta resultaron heridos durante el ataque a Ceiba. El cirujano R. F. Jones, oficial médico de la Junta de Salubridad del estado de Luisiana, que estaba a bordo del barco a vapor *Pizzati*, vio a muchos de los heridos, de los cuales un gran porcentaje fueron heridos letalmente.

Es probable que Trujillo sea el siguiente puerto que atacarán las fuerzas del gobierno, ayudados por el barco a vapor *Pizzati* en la transportación de tropas a algún punto en la costa este a poca distancia de la ciudad para atacar los cañones de su fuerte desde el mar.

Trujillo tiene los restos de un viejo fuerte construido durante el dominio español y varios cañones de distintos calibres. Los insurgentes tienen su posesión, pero se desconoce cuál es su fuerza actual. Le espera una recepción enardecida al ejército del gobierno y al crucero. No se sabe nada de los movimientos del ejército insurgente bajo el Gral. L. Nuila, quien se dice que estuvo en Olanchito esperando el avance del enemigo.

En un momento, durante el ataque, el *Pizzati* estaba hondeando los colores de Honduras en el mástil principal, pero, sin duda, surgirá una interesante pregunta en cuanto a la verdadera nacionalidad del barco, como de su capitán, Henry Pizzati, quien es un coronel honorario del ejército de Honduras y ha sido promovido recientemente al rango de general.

Antes de su transformación a crucero, habiendo sido armado con cañones en Puerto Cortés y después de transportar a 550 soldados del ejército hondureño a puntos en la costa norte, navegó bajo la bandera de los Estados Unidos y tenía un registro estadounidense. Las tropas insurgentes que defendieron Ceiba el 28 de julio eran 200, y las fuerzas de Leiva 500.

El 01 de agosto, a las 9 a.m., el Dr. Francisco G. Peralta, un exiliado cubano y comandante de Nuila en Ceiba, junto con los señores Eduardo Alvarado y el Dr. Rosa Cárcamo, seguidores de Nuila, los últimos dos heridos de gravedad durante la defensa de Ceiba, fueron, por orden de una corte marcial presidida por el Gral. Salomón Ordóñez, comandante del ejército del gobierno, ejecutados como rebeldes y traidores en la playa cerca del mercado público. Los doctores Alvarado y Cárcamo tuvieron que ser cargados al lugar de ejecución debido a sus graves heridas, y fueron ejecutados sentados. Ellos se enfrentaron a su destino con tranquilidad y valentía.

Después de la captura de la ciudad el saqueo fue suprimido por el comandante general, y todos los culpables fueron castigados con veinticinco latigazos, en el cuerpo desnudo, por los soldados del gobierno.

El *Pizzati* disparó diecisiete proyectiles desde cuatro cañones de treinta y dos libras en su ataque por la costa entre Bonito y Ceiba.

Esta noche un prominente comerciante recibió un comunicado de Honduras, declarando que el Gral. Nuila y su ejército habían sido derrotados en Botejas. Nuila huyó a Nicaragua con algunos de sus líderes. Si esto es cierto, hace que el triunfo del gobierno esté completo y concluye la revolución.

El Dr. F. G. Peralta, recientemente nombrado comandante de Ceiba y un seguidor ardiente de Nuila, fue capturado, y también el Señor Eduardo Alvarado, primo de un miembro del gabinete de Leiva, y el señor Don Rosa Cárcamo, siendo este último herido de gravedad.

La residencia y oficina del Sr. B. Toca, agente consular estadounidense, fue rafagueada con balas de rifle, siendo ejecutados dos soldados insurgentes en la plaza inferior por la guardia de avanzada de las fuerzas de Leiva en la playa. Las barras y estrellas, antes y durante el ataque, ondeaban sobre el consulado, así como en la residencia del agente de la línea Oteri, y las banderas francesa y española fueron visibles sobre las propiedades de extranjeros no combatientes.

Se dice que no se dieron noticias del bombardeo de Ceiba a los residentes extranjeros por los oficiales al mando del *Pizzati* o por el general al mando del ejército de Leiva.

Fuente: The New York Times 1892-agosto-09

85

LEIVA DE NUEVO EN CONTROL
Los rebeldes en la Honduras hispana han sido dispersados por las tropas del gobierno.

Nueva Orleans, Luisiana, 8 de agosto.

El barco a vapor *City of Galveston* llegó ayer por la tarde con las últimas noticias acerca de la revolución en Honduras hispana. Parece ser que el gobierno de nuevo tiene la ventaja y que Leiva y su gabinete mantendrán el control.

Él ha alquilado el buque de vapor Spazzeti, un barco de Nueva Orleans, y lo ha convertido en un buque de guerra cargando el buque con tropas. Recientemente salió de Puerto Cortés para atacar a Ceiba. Se reportó que hubo una acalorada batalla en Ceiba entre los revolucionarios residentes y las tropas del gobierno, siendo estas últimas victoriosas.

Se dice que el barco ha contribuido al resultado al bombardear a los revolucionarios con un armamento que llevaban a bordo. El bombardeo desbandó a los rebeldes y estos huyeron dispersados hacia los bosques.

Fuente: Philadelphia Inquirer

1892-agosto-21

FIN DE LA REVUELTA EN HONDURAS
Los rebeldes dispersados después de una masacre indiscriminada.

Panamá, 13 de agosto.

La revolución de Honduras está en su final. El escenario de los problemas fueron las ciudades costeras del Atlántico, que cayeron por sorpresa en manos de los revolucionarios. Este movimiento fue asistido por una manifestación revolú cionaria en la frontera de Nicaragua, pero estaba lo suficientemente cerca del centro de operaciones del gobierno como para permitir su supresión rápida y perentoria.

Evidentemente, ninguno de estos incipientes esfuerzos de rebelión contó con una base sólida de simpatía pública, y el gobierno parece haber sido el dueño de la situación. En Honduras, la tarea de mover hombres y municiones de guerra rápidamente en masa suficiente para ser efectivos contra las fuerzas opuestas de cualquier fuerza es una tarea seria, y, el hecho de que los disturbios fueron apagados dentro de noventa días habla bien de la habilidad y energía de los generales López, Williams y Zelaya Vijil, los oficiales a cargo de las fuerzas leales.

Después de varias escaramuzas y encuentros insignificantes, los líderes revolucionarios arriesgaron sus fortunas en una batalla formal en Danlí, departamento de Yuscarán, alrededor del 27 de julio, lo que resultó en que sus fuerzas fueran despedazadas. Quedaron trecientos muertos en el campo, y los líderes fueron capturados y rápidamente ejecutados. Durante el encuentro, algunos indios del lado del gobierno, imitando el ejemplo mostrado por los chilenos en varias ocasiones en su guerra con Perú y Bolivia, tiraron sus mosquetes y corrieron hacia las filas enemigas con una ferocidad que no perdonó a nadie, cambiando rápidamente las líneas de la batalla en una masa indiscriminada de fugitivos aterrorizados que dejó atrás horribles montones de muertos y moribundos. La tranquilidad ha sido restaurada.

La conducta observada por los gobiernos de las repúblicas vecinas de Guatemala, El Salvador y Nicaragua durante la "angustia" fue muy encomiable y estrictamente en línea con las obligaciones fraternales, concretadas en un tratado formal por la extinta asamblea centroamericana. Las fronteras fueron cubiertas a fondo por las fuerzas de sus respectivos gobiernos, y los elementos forajidos, que están siempre listos para ayudar a la sedición cuando se ofrece la posibilidad de gloria o ganancia, fueron detenidos en restricción.

A los "exiliados" de Honduras se les prohibió unirse a sus hermanos en armas, y los líderes rebeldes fueron obligados a depender únicamente en sus propios recursos, que no eran suficientes para asegurar su victoria.

El expresidente Bográn ha sufrido una grave enfermedad y está ahora en camino a California para recuperar su salud.

Fuente: The New York Times

VIAJE DEL GRAL. BOGRÁN AL NORTE
El expresidente de Honduras en esta ciudad.
Él culpa a sus enemigos políticos por el informe de su muerte – Una buena palabra para su país y su panorama – Los cuentos de la revolución.

El Gral. Luis Bográn, expresidente de la República de Honduras, de quien se reportaba que había muerto en la revolución unos dos meses atrás, llegó a Nueva York anoche desde San Francisco. El Gral. Bográn dejó Amapala el 15 de julio para viajar a causa de su salud. Él está ahora en el hotel Imperial y planea permanecer en esta ciudad por dos meses.

El expresidente se reunió en Grand Central con el Dr. Ferdinand C. Valentine, que residió por mucho tiempo en Honduras y quien es un íntimo amigo del Gral. Bográn, y con un reportero del *Times*. El general dijo que su salud estaba casi totalmente restaurada debido a este viaje.

El Gral. Bográn es todo menos el tipo de lo que generalmente se imagina de un centroamericano. Es alto, bien proporcionado, y sus facciones se asemejan a los de un francés americanizado. En cuanto a modales, el Gral. Bográn posee la cortesía y amabilidad característica de sus compatriotas. Él habla francés fluido y entiende el suficiente inglés como para entablar una conversación inteligente en ese idioma.

"No", dijo el Gral. Bográn al reportero del *Times*, "te aseguro que no fui asesinado. Es una verdadera lástima arruinar una buena historia, pero ni para complacer a los corresponsales podría ahora consentir que se me considere como no más entre los vivos. Además, yo estaba en camino a San Francisco cuando ocurrió mi alegada muerte, y yo no escuché de esto hasta que llegué al puerto. La historia se comenzó por razones políticas. En la parte sur de Honduras, donde tengo muchos seguidores, la oposición pensó que su propio partido podría ser más seguro si se entendía la idea de que estaba muerto. Yo solo espero que todos los reportes de mi muerte en los próximos treinta años sean igual de verídicos.

Muchos de mis amigos norteamericanos han tratado de prepararme para esta visita. Ellos abrieron mi apetito por las descripciones brillantes de la energía, iniciativa y coraje que prevalecen en este país, pero, quizá mi comprensión fue limitada o las descripciones blandas. Simplemente estoy abrumado por las muchas cosas que he visto aquí."

El Gral. Bográn fue cauteloso en cuanto a hablar de su país, especialmente de su propia administración. No se refirió al hecho de que fue presionado para dejar los deberes como presidente por un tercer periodo, ni a que era un hombre rico cuando fue elegido hace ocho años y ahora, en comparación, es pobre.

"De manera general", dijo, "traté de modelar nuestros asuntos internos según los de los Estados Unidos. Si incluso los periódicos de la oposición abusaron de mí tan cordialmente como los tuyos del presidente que pertenece a la otra parte. ¿Detenerlos o castigarlos por eso? Por supuesto que no. ¿Le pondrías un bozal a la prensa de tu país? ¿Por qué debería yo, entonces, que intenté modelar mi país según el tuyo e infundir americanismo verdadero en mi gente, esforzarme por aplastar su mejor derecho, la libertad de expresión?"

Con respecto a los recursos naturales de Honduras, el Gral. Bográn estaba muy entusiasmado. "Es cierto que nuestra población no es grande ni habilidosa para desarrollar nuestro país", dijo él, "pero no tardará en haber un flujo de norteamericanos hacia Honduras. El ferrocarril interoceánico será construido dentro de dos años, conectando el Atlántico con el Pacifico. Eso atraerá a miles de respetables norteamericanos trabajadores y artesanos de todo tipo."

"¿Volcanes, terremotos y revoluciones? En cuanto a los dos primeros no tenemos ninguno que haga daño, y en cuanto a las revoluciones, bueno, ¿no fui asesinado en una de ellas, hace dos meses? Seriamente, sin embargo, parece que todos los reportes provenientes de nuestra pequeña república, para ser interesantes, deben ser calificados con el adjetivo de turbulentos. Quizá sería mejor si una pequeña turbulencia ocurriera. Ahora me perdonarás, pero, ¿no dicen los informes de las huelgas en los Estados Unidos como si todo el país estuviera en una gran agitación? Si consideras el número de hombres envueltos en ellas, y asesinados en consecuencia, con el número proporcionado de afectados en Honduras, nuestras revoluciones se vuelven insignificantes. Con nuestras pequeñas dificultades (ni una, de diez reportadas, ocurrió) los negocios siguen sin interrupción, y obtenemos los detalles mediante periódicos de otros países.

Por supuesto, tenemos nuestras dificultades políticas, pero es un error asumir que elegimos a nuestros presidentes con balas y no con votación. Mi elección y reelección fueron pacíficas, así como lo fueron las de mis predecesores y sucesores. Pero no serían interesantes si son informadas así."

Fuente: The New York Times

1892-septiembre-06

LA REVOLUCIÓN EN HONDURAS

Nueva Orleans, 5 de septiembre.

De acuerdo a noticias recibidas aquí desde Honduras, el Gral. Nuila, líder insurgente, junto a ocho de sus seguidores, fue capturado el 26 de agosto. El general será juzgado por una corte marcial, pero sus hombres serán liberados. Esto, según se afirma, pondrá fin a la revolución. — *Reuter.*

Fuente: The London Times

1892-septiembre-19

LA REVOLUCIÓN EN HONDURAS

Nueva Orleans, 18 de septiembre.

Información recibida aquí desde Honduras dice que el Gral. Nuila, líder insurgente que fue capturado el 26 de agosto, fue ejecutado en Trujillo después de ser juzgado por una corte marcial, la cual lo encontró culpable de traición. La sentencia fue aprobada por el presidente de la República. — *Reuter.*

Fuente: The London Times

LA REVOLUCIÓN DE HONDURAS
Reportes confirmados por uno de los líderes del levantamiento de Nuila.

Nueva Orleans, 12 de abril.

En el barco a vapor *Oteri* de Trujillo, Honduras hispana, P. S. Brubaker de Fargo, Dakota del Norte, llegó esta mañana. Ha vivido cuatro años en Honduras, donde él tiene intereses agrícolas. Estuvo involucrado en la revolución de Nuila de hace un año, y después de su colapso fue arrestado, juzgado y sentenciado a muerte. El presidente Leiva, generosamente, redujo su sentencia a encarcelamiento por un periodo de cuatro años, y poco después, por petición del gobierno estadounidense, le otorgó un perdón incondicional. Ha estado fuera de prisión unos tres meses.

Al momento de la revuelta de Nuila, los amigos de Brubaker estaban interesados en el movimiento revolucionario, por lo que se sintió obligado a alistarse con ellos como soldado en el ejército de los revolucionarios. Antes de la captura de Ceiba, el Gral. Nuila caminó por la línea de los reclutas y escogió al soldado Brubaker y lo asignó como capitán de una compañía. Los hombres fueron colocados en el barco a vapor *Oteri* y el grupo bordeó por la costa hacia Trujillo. A una milla de ese lugar, Brubaker fue puesto a cargo de un ataque y efectuó el primer desembarco de tropas que posteriormente resultó en la caída de Trujillo.

El capitán Brubaker fue promovido después al puesto de mayor, y después de la captura de Olancho, donde 290 soportes de armas fueron tomados, fue nombrado miembro del equipo del Gral. Nuila. Poco después de estos eventos, setenta de los revolucionarios se mantuvieron a raya y derrotaron a 900 tropas del gobierno. La derrota se debió, principalmente, a la puntería superior del mayor Brubaker y sus hombres. Luego siguieron los reveses, la captura y ejecución del Gral. Nuila, y el escape del mayor Brubaker. Alcanzó la costa y evadió con éxito la detección entre las filas de más de 3,500 soldados del gobierno hasta fue reconocido, arrojado en prisión y mantenido allí en Omoa y Trujillo por cinco meses y cinco días.

Él confirma el reporte de la captura de Trujillo por los revolucionarios la semana pasada, el triunfo de Bonilla y los revolucionarios en Tegucigalpa, la separación del partido del gobierno y la huida a este país de algunos estadounidenses con alto rango militar en el ejército regular.

Según se reporta, el mayor Burke, ex tesorero de Luisiana y amigo confidencial de Bográn, está en Tegucigalpa, "muerto en la ruina y demasiado pobre para salir del país".

Fuente: The New York Times

1892-octubre-22

LA REVOLUCIÓN EN HONDURAS

Panamá, 21 de octubre.

Informes recibidos aquí desde Honduras declaran que se logró una importante derrota sobre las últimas fuerzas de los rebeldes el 12 de septiembre en El Corpus, cerca de la frontera de Nicaragua. La paz ha sido restaurada. — *Dalziel*.

Fuente: The London Times

1892-octubre-24

POSIBILIDAD DE QUE LA ANTIGUA EMPRESA COMPLETE LA VÍA TRANSCONTINENTAL DE HONDURAS

A menos que la Panama Railroad Company acepte los términos de la Pacific Mail Steamship Company, el ferrocarril transcontinental de Honduras será completado. La Pacific Mail Company está tratando de negociar un contrato con la Panama Company en lugar del ahora existente. A esta última compañía no le gustan y no aceptará los términos del nuevo contrato. Si no se llega a algún acuerdo, la compañía de correo buscará un nuevo ferrocarril interoceánico.

El ferrocarril de Honduras está parcialmente construido, y es, por lo tanto, la ruta más barata y probable.

Bajo el antiguo acuerdo del camino de Honduras, se construyeron 57 millas y se necesitarán otras 100 para conectar el Golfo con el océano Pacífico. La porción completada se extiende desde Puerto Cortés, en el Golfo de México, hasta tierra adentro en la ciudad de San Pedro. La terminal del oeste debe estar en el Golfo de Fonseca, en el océano Pacífico. La terminación del camino probablemente costará $3,500,000.

Edward Lauterbach, consejero de la Pacific Mail Company, está investigando el título del ferrocarril de Honduras. Hace algunos años, el gobierno emitió $27,000,000 en bonos con el objetivo de hacer mejoras nacionales. El ferrocarril transcontinental propuesto es una de esas mejoras, y se teme que el ferrocarril sea responsable de todos esos bonos. Solo una pequeña parte de los $27,000,000 se gastó alguna vez, y una parte más pequeña se destinó a la construcción parcial del ferrocarril. Si se puede determinar, sin lugar a dudas, que el ferrocarril no será responsable de más ingresos de los bonos que los que fueron gastados, el ferrocarril será terminado. Los millones de bonos sin gastar desaparecieron, y a dónde se fueron ha sido una pregunta desconcertante para la gente de Honduras durante muchos años. En referencia a los problemas entre las dos compañías y la probabilidad de la construcción del nuevo ferrocarril, el Sr. Lauterbach dijo ayer:

"Las relaciones entre la Pacific Mail Company y la Panama Railroad Company están algo tensas en la actualidad. Pero aún es posible que algún contrato, agradable para ambas, sea hecho. Sería un error fatal que el ferrocarril se separara de la compañía de barcos y abrir así un camino para una competencia por un ferrocarril interoceánico. La compañía de correo paga a la compañía de Panamá unos $70,000 por mes por el transporte de fletes y tráfico de pasajeros.

De esta cantidad, unos $55,000 surgieron de un contrato o acuerdo que teníamos con la línea transcontinental mexicana en referencia a San Francisco y a cargamento mexicano. La línea mexicana dio aviso, algún tiempo atrás, de que el arreglo terminaría el próximo 01 de febrero. En consecuencia, entramos en negociaciones con la gente de Panamá buscando un nuevo contrato que debería estar en conformidad con el nuevo orden de las cosas. La Panama Railroad es propiedad de la Panama Canal Company, y concierne a los franceses.

Los oficiales están demasiado lejos como para ver cuál es su mejor ventaja, y, en consecuencia, han rechazado los términos que propusimos. Les ofrecimos una división equitativa de la tarifa directa a San Francisco, pero aún no logramos llegar a un acuerdo. La compañía francesa no parece entender las condiciones que prevalecen en el istmo. La Pacific Mail y las compañías ferroviarias deberían formar una ruta de transporte amigable, pero si la gente del ferrocarril escoge no actuar al unísono con la compañía de barcos, debemos asegurar otra ruta de océano a océano. Estamos haciendo arreglos de acuerdo al estado actual de los asuntos. Estos arreglos, si nos vemos obligados a llevarlos a cabo, serán muy desastrosos para la Panama Railroad.

Las preguntas sobre la viabilidad de la construcción y el título del camino de Honduras han estado en mis manos por algún tiempo. El Gral. Bográn, de Honduras, está en la ciudad ahora y se va a Honduras esta noche. Está aquí en referencia a la terminación de la nueva línea.

Las concesiones otorgadas al camino por el gobierno de Honduras son las más liberales. Los señores Valentine y VanAuken son los hombres que consiguieron la concesión original. La única dificultad en el camino del ferrocarril es la existencia de la deuda consolidada de $27,000,000. Este es un cargo equitativo contra el gobierno por un monto de $1,000,000. Los bonos más allá de esa cantidad han sido determinados por un comité parlamentario para ser eliminados sin que ninguna de las ganancias vaya al gobierno. Si se pueden hacer acuerdos satisfactorios con los tenedores de bonos de tal manera que el título quede claro, no tengo duda de que el plan se llevará a cabo.

La cantidad requerida para preparar el camino no es excesivamente grande y llegará pronto. La ruta de Honduras no será una solución inmediata, ya que un ferrocarril transcontinental no puede ser construido rápidamente. El proyecto ha estado bajo discusión por algún tiempo. George S. Scott y J. B. Houston han meditado mucho en la cuestión. El comercio entre Centroamérica y Estados Unidos está creciendo rápidamente, y se necesitan mayores instalaciones de ferrocarril y de canales. Habría buenas oportunidades para el nuevo camino".

Fuente: The New York Times

LA LOTERÍA ENCUENTRA UN HOGAR
Honduras le da la bienvenida a la empresa de Luisiana.
Por un millón y un porcentaje de beneficio, la empresa obtiene ayuda y protección del gobierno y concesiones al por mayor

Tegucigalpa, Honduras, 9 de enero.

Se le ha otorgado a la Louisiana State Lottery una carta de la república de Honduras, y moverá todos sus negocios a ese país en cuanto expire su actual carta, lo que será el 1 de enero de 1894.

OTORGADA POR CINCUENTA AÑOS.

La concesión es un monopolio del negocio de la lotería por un periodo de cincuenta años. El gobierno de Honduras le otorga a la compañía la isla de Guanaja, la bahía de Honduras, que será usada de la manera que la compañía considere mejor para sus propósitos. El gobierno concede, a ningún costo para la compañía, todas las tierras que puedan ser requerida para oficinas de la lotería por toda la república de Honduras.

Todos los boletos de lotería que serán emitidos por la compañía serán impresos con el sello oficial del gobierno hondureño, y todos los sorteos de la lotería serán supervisados por el gobierno.

DERECHOS DE CABLEGRAMA Y BARCOS A VAPOR.

La imitación de los boletos de la compañía será un crimen sujeto a las estrictas leyes de la república en contra de la falsificación. Un detalle importante de la concesión es el derecho para poner una línea de cablegrama de la isla de Guanaja o de cualquier punto en la costa de Honduras, hacia los Estados Unidos, las Antillas o a Europa.

También hay una concesión para una línea de barcos a vapor de cualquier puerto de la costa hondureña hacia cualquier parte del mundo. Todos los artículos de la compañía de la lotería serán admitidos en Honduras libres de impuestos del gobierno, y todos los empleados de la compañía de la lotería están exentos de servicio militar.

LO QUE EL GOBIERNO RECIBE.

La compañía de la lotería también está exenta de impuestos. El gobierno de Honduras, como consideración por conceder la carta, podrá usar libremente las líneas de cablegrama y de barcos a vapor, y también recibirá $1,000,000 en monedas de oro estadounidenses y un porcentaje graduado de 1 a 3 por ciento en el valor nominal de todos los boletos vendidos por la compañía.

Fuente: Philadelphia Inquirer

1893-enero-19

POR HONDURAS EN MULAS
Dos estadounidenses regresan con un caudal de noticias.

Nueva Orleans, 18 de enero.

C. J. Blanchard, un periodista de Minneapolis, y W.B. Forsyth, un miembro de la Junta de Comercio de Chicago, han regresado de un tour de un mes por Honduras hispana, recorriendo el país en mulas. Ellos vieron a todos los estadounidenses prominentes durante su tour, incluyendo a E. A. Burke, el extesorero de Luisiana.

Dicen que es uno de los hombres más respetados del país. Sus intereses mineros están empezando a dar ganancias, y la impresión es que, tan pronto como obtenga suficiente dinero, regresará a los Estados Unidos y arreglará su desfalco.

A. W. Cockerton, antiguo gerente y cajero de Burke, está de nuevo con él, y se ve tan bien vestido y tan feliz como siempre.

La república está excesivamente tranquila después de la reciente revolución. Tegucigalpa alguna vez se opuso amargamente al presidente Leiva, y él temía entrar en el lugar, rehusándose a hacerla sede de su gobierno, una distinción de la que antiguamente gozó, pero le han asegurado que ya no hay peligro y debía haber reingresado a la capital hace una semana.

El capitán Brewbaker, el francotirador de Dakota que mató a casi todos los hombres que murieron del lado del gobierno durante la revolución, está en prisión en Omoa, frente a Puerto Cortés. Fue sentenciado a cinco años en prisión, y el lugar de su confinamiento es un agujero horrible.

Él es un ciudadano estadounidense y dice que luchó con los rebeldes bajo una mala interpretación. El Gral. Nuila era un familiar del presidente y empleado del gobierno, y, cuando él se unió a Nuila, pensó que estaba ayudando al gobierno.

El día antes de su partida, los viajeros leyeron en *La Gaceta Oficial* que el gobierno le había otorgado una concesión para una lotería al expresidente Bográn y a John A. Morris. La concesión era por veinte años, y la consideración fue de $1,000,000, siendo $20,000 pagados inmediatamente.

W. S. Valentine y el Sr. VanAuken, de Nueva York, obtuvieron la concesión ferroviaria de Puerto Cortés, de allí a Tegucigalpa y de allí a la costa. El Sr. Valentine espera llevar a 4,000 trabajadores a Honduras tan pronto como el estado del país lo permita, y va a fumigar a fondo las ciudades de Puerto Cortés y San Pedro antes de ponerlos a trabajar.

Ellos esperan construir la vía hasta Comayagua, una ciudad cerca de Tegucigalpa, antes de que termine el año.

Hay un gran número de estadounidenses en la república, y la capital casi es una ciudad estadounidense. El Gral. Charles F. Beyer, anterior capitán de la novena caballería del ejército de los Estados Unidos, es ahora jefe de la policía de Tegucigalpa.

Fuente: The New York Times

1893-enero-22

MULTADO POR EL GOBIERNO DE HONDURAS.

Nueva Orleans, Luisiana, 21 de enero.

Joseph Oteri, dueño del barco a vapor estadounidense *Joseph Oteri Jr.* ha sido notificado, por el Gobierno de Honduras de que él ha incurrido en una multa de $8,000 por permitir que propiedad del gobierno fuera capturada por los insurgentes durante la última revolución. Durante el levantamiento, el *Oteri* debía llevar 20 cajas de rifles y 200 cajas de cartuchos a Ceiba para uso del gobierno en Trujillo. Los insurgentes capturaron el barco y confiscaron las armas.

Desde ese momento, se le ha negado la entrada a la embarcación a los puertos de la Honduras hispana, desde donde este llevaba fletes a Nueva Orleans, y ha sido mantenido en espera en consecuencia. Su dueño ha estado procesando una gran demanda por daños en contra del gobierno de Honduras, pero, hasta ahora, el Departamento de Estado se ha negado a ayudarlo, y el pago de la gran multa puesta en su contra es la única alternativa que se le ofrece con el fin de resumir el comercio con ese país.

Fuente: The New York Times

1893-febrero-16
UN RUMOR COMÚN ACTUAL
Charlas de una expedición filibustera a Honduras o a otra parte.

El rumor común actual de esta época del año ha estado vigente por un día o dos con relación a una expedición filibustera desde esta ciudad y Key West sobre uno de los países de Centroamérica.

Esta vez Honduras es el objetivo. Pero no se puede encontrar confirmación del rumor en Nueva York, y no hay evidencia confiable en otro lugar de que tal maquinación esté en pie.

El cónsul general Baiz, representante del Gobierno de Honduras en esta ciudad, habló ayer con un reportero del *New York Times* acerca del rumor. Dijo que, debido a los informes recibidos de su gobierno algún tiempo atrás insinuando una expedición del tipo discutido en el rumor, se ha comunicado con las autoridades del Departamento de Estado en Washington, quienes a cambio se han comunicado con el alguacil de los Estados Unidos en Key West.

El alguacil ha contestado que no había preparaciones visibles para ninguna expedición filibustera en Key West, y que no sabía de nada fuera de lo ordinario que estuviera en pie. Siempre hubo un rumor permanente entre los cubanos y los incansables sudamericanos en ese lugar, ocupados en las fábricas de cigarros, de una expedición de ese tipo siendo preparada en contra de alguna de las repúblicas hispanas en los trópicos, dijo el alguacil.

El alguacil ha recibido las instrucciones usuales desde Washington, dijo el señor Baiz, de estar en alerta y de no permitir que naveguen expediciones armadas desde Key West para atacar a un gobierno amigo. El señor Baiz afirmó que eso era todo lo que se sabía hasta el momento.

Fuente: The New York Times

1893-febrero-22
LEVANTAMIENTO EN HONDURAS

San Salvador, 21 de febrero.

Ha llegado información hoy que dice que un movimiento revolucionario importante ha surgido en Honduras. — *Dalziel*.
Fuente: The London Times

1893-febrero-25

EL BARCO A VAPOR PODRÍA SER INCAUTADO
Resultado del viaje a Honduras del *S. Pizzatti*.

Nueva Orleans, Luisiana, 24 de febrero.

El largo litigio que surge de la acción tomada por el barco a vapor estadounidense *S. Pizzatti*, propiedad de S. Oteri, de esta ciudad, durante la revolución de Honduras el otoño pasado, resultará en la incautación del barco por el gobierno de los Estados Unidos por la violación de las leyes de neutralidad.

El *S. Pizzatti* envió a una tripulación de marineros estadounidenses el 8 de julio de 1892, y, de acuerdo a los artículos, iba a ir a Honduras por un cargamento de bananas. Llegando a Puerto Cortés, el capitán Henry Pizzatti, después de consultar con los líderes del gobierno regular, llevó a bordo a hombres, armas y municiones de guerra para el ejército de la Honduras hispana y tomó parte activa en la supresión de la revolución, que terminó con la muerte de su líder, el Gral. Nuila.

Pizzatti no solo transportó tropas del gobierno, también aceptó una comisión como general en el ejército de Honduras, y, en esa capacidad, aunque su embarcación tenía registro estadounidense y portaba colores estadounidenses, bombardeó varios puertos ocupados por los rebeldes y hundió un bote a vapor perteneciente a la facción de Nuila.

Su tripulación entró en protesta en contra de su acción, y, en su regreso a Nueva Orleans, presentó demandas por daños y perjuicios por un total de $55,000 por el peligro al que habían estado expuestos.

El agente especial del tesoro Linch y el fiscal de distrito Earhart, de esta ciudad, se están preparando para entrar en acción en contra de la embarcación sobre la base de que ha violado las leyes de neutralidad, ante la cual el castigo es la incautación de la embarcación, fuertes multas y el encarcelamiento del capitán o de los dueños.

Fuente: The New York Times

1893-marzo-02

MÁS PELEAS EN HONDURAS
El Gral. Bonilla empieza una nueva revolución en contra del presidente Leiva.

Nueva Orleans, 01 de marzo.

Un residente prominente de Nueva Orleans recibió hoy una carta de Honduras que trae información de que el país está, una vez más, en revolución. La república ha sido invadida de nuevo por Policarpo Bonilla y sus amigos.

El primer movimiento hecho por los revolucionarios fue dirigido por el Gral. Manuel Bonilla, quien fue prominente en la última revolución y fue perdonado recientemente por el Gobierno de Honduras.

El 13 de febrero, el Gral. Bonilla atacó los cuarteles en Juticalpa, en Olancho, y capturó a la entera guarnición y las armas. Se libró una feroz batalla entre los revolucionarios y las tropas del gobierno, varios de los cuales murieron, estando entre ellos el alcalde del lugar y uno de los oficiales principales.

El presidente Leiva, cuando recibió esta información, entregó las riendas del gobierno al Gral. Rosendo Agüero, el ministro de guerra, cuyo lugar fue ocupado por Rafael Alvarado Guerrero.

Se formó un nuevo gabinete, con el Dr. Juan A. Arias como ministro de gobierno; Don Leopoldo Córdova como ministro del tesoro, y Carlos L. Macier, como director general de rentas. Los miembros restantes del gabinete serán cambiados pronto.

La carta también contenía información de que el Gral. Domino Vásquez fue nombrado comandante en jefe del ejército de la República. Al escribir la carta, el gobierno y los partidos revolucionarios se esforzaban por lograr un acuerdo pacífico, y se expresaron grandes esperanzas en ambos lados de que se lograría tal resultado.

Si no se declara la paz, el Gral. Vásquez, con 3,000 hombres, tomarán el campo y serán reforzados por varios cientos de hombres de Choluteca. Se cree que el ministro de guerra, Alvarado, y el ministro de gobierno, Arias, están en simpatía con los revolucionarios, ya que, hasta ahora, habían pertenecido al partido bonillista.

Fuente: The New York Times

1893-marzo-07

PELEAS EN HONDURAS

Nueva York, 6 de marzo.

El *Herald* publica el siguiente telegrama desde Panamá, con fecha del 5 de este mes:

"Una nueva revolución ha surgido en el sur de Honduras. El Gral. Policarpo Bonilla, junto al Gral. Terencio Sierra y una fuerza de 1,000 hombres, atacó la plaza ayer, en Choluteca, venciendo a la guarnición local de 1,500 hombres al mando del Gral. Matute, cuyas fuerzas dispersadas se retiraron hacia Amapala.

Los insurgentes marchan ahora sobre Tegucigalpa, la capital, donde las fuerzas locales se han amotinado, disparándole a sus líderes y declarándose en apoyo al Gral. Bonilla.

El presidente Leiva afirma que Nicaragua está apoyando al Gral. Bonilla y ha telegrafiado al Dr. Sacasa, presidente de esa República, exigiéndole una explicación". — *Reuter*.

Fuente: The London Times

1893-marzo-10

MÁS PELEAS EN HONDURAS
Ahora se dice que todo está a favor de la causa del gobierno.

Cablegrama especial al New York Herald y publicado simultáneamente en The Inquirer.

Panamá, 9 de marzo.

Se han recibido noticias de Honduras que confirman el informe de una batalla cerca de Tegucigalpa.

Más informes indican que ahora todo está a favor de la causa del gobierno. El expresidente Ponciano Leiva no es peligroso, pues permanece neutral. El expresidente Bográn se ha aliado con el gobierno y va a ayudar al ministro de guerra, el Gral. Vásquez.

Rosendo Agüero, quien era secretario de estado bajo el presidente Leiva, ha sido proclamado presidente provisional de Honduras por el Gral. Vásquez.

Fuente: Philadelphia Inquirer

1893-marzo-16

TARINGLA BAJO ASEDIO
Informe de una batalla entre Bonilla y las tropas del gobierno.

Cablegrama especial para el New York Herald y publicado simultáneamente en The Inquirer.

Santa Bárbara, Honduras, 15 de marzo.

Policarpo Bonilla, con un ejército de 1,000 revolucionarios, está ahora acampando en Taringla. Alrededor del pueblo están atrincheradas las fuerzas comandadas por el General Vásquez. La posición del General Bonilla es fuerte y, aunque se dice que el ejército asediador comandado por el General Vásquez consiste en unos 3,500 hombres, más del triple que los del ejército de Bonilla, el general revolucionario tercamente se niega a rendirse.

Nos acaba de llegar un rumor de que una división del ejército de Bonilla intentó atravesar las filas de los asediadores. El resultado de este ataque fue una feroz batalla, pero no se sabe cuántos muertos o heridos hubo ni qué lado obtuvo la victoria.

Se espera que el General Rosendo Agüero, ministro de guerra y quien ha sido declarado presidente interino, reciba detalles de esta lucha en cualquier momento.

Fuente: Philadelphia Inquirer

1893-marzo-27

PLANES DE REBELDES HONDUREÑOS
Bonilla determinado a asegurar el control del gobierno, que hace una fuerte resistencia.

Cablegrama especial al New York Herald y publicado simultáneamente en el The Inquirer.

Panamá, 26 de marzo.

Noticias recibidas hoy de Honduras dicen que Bonilla, líder de la revolución en esa república, ha conspirado con sus seguidores para traer un cambio radical en el gobierno, pero sus enemigos son muy hábiles y están demostrando gran sagacidad en sus esfuerzos para derrotar sus planes.

Esto fue demostrado por el actual presidente Agüero en la reorganización del gabinete. Manuel Gamero es uno de los seguidores de Bonilla y su aceptación del cargo lo remueve de las filas de los revolucionarios.

A pesar de los cambios hechos en el gabinete, la revolución continúa, porque Bonilla está convencido de que Agüero solo es una herramienta del Gral. Vásquez, quien está trabajando para la rendición de Bonilla con el propósito de colocarse a sí mismo en el poder.

Cuando el barco a vapor *Newport* zarpó hacia Nueva York ayer, llevó a veinte indios del interior de Bolívar. Los indios serán llevados a Chicago para ser exhibidos en la feria. El barco a vapor también tomó a una banda de músicos de la marimba de Chiriquí, quienes también serán mostrados en la feria.

Fuente: Philadelphia Inquirer

1893-marzo-29

UNA GRAN BATALLA EN HONDURAS
Tropas del gobierno derrotadas cerca de Santa Lucía, y más de cien hombres fueron asesinados.

Cablegrama especial del New York Herald, y publicado simultáneamente en The Inquirer.

Panamá, 28 de marzo.

Inmensas luchas marcan el progreso de la guerra en Honduras. Se acaban de recibir noticias de una pelea cerca de Santa Lucía que resultó en la derrota de las tropas del gobierno con una pérdida de más de cien hombres muertos en el campo.

Casi cincuenta de los soldados revolucionarios fueron acribillados, y después de la lucha, los cuerpos de los muertos en el campo de batalla se juntaron en un montón y fueron quemados.

Esta batalla se peleó hace varios días. El General Alfonso Villela había sido enviado al frente con un gran grupo de tropas del gobierno para interceptar la marcha de los revolucionarios que estaban avanzando hacia el gabinete en Tegucigalpa. El General Villela llegó a Tatumbla a las 5 en punto de la tarde.

La táctica del General Villela fue de sorprender al comandante revolucionario en Tatumbla. Él había colocado a un grupo de caballería frente al pueblo, pero la caballería al parecer no se dio cuenta de la llegada del enemigo hasta que había empezado el ataque. El oficial al mando intentó desesperadamente organizar a sus hombres. Aguantaron valientemente, pero fueron obligados a retroceder hacia el pueblo.

La batalla había empezado tan tarde en el día que se dejó de disparar debido a la oscuridad, cuando llegó el destacamento del coronel Rosa para reforzar al ejército rodeado en Tatumbla.

El General Villela renovó su ataque sobre los revolucionarios al amanecer. Sus hombres avanzaron valientemente y muy pronto ya había una feroz batalla en la línea. Tan pronto como el ataque en el frente se hizo general, el General Reina y sus tropas abrieron fuego hacia la retaguardia de las fuerzas de Villela.

Este ataque fue tan feroz y sorpresivo que las tropas del gobierno casi quedaron desmoralizadas. Fue con dificultad que las tropas del gobierno mantuvieron la línea. Sin embargo, el ataque en el frente y en la retaguardia aumentaba a cada momento.

Esto continuó por una hora y media. Las tropas del gobierno no pudieron soportarlo más. El General Villela ordenó la retirada e intentó guiar desde el centro de los ataques, en donde le llovían los disparos. Cuando empezó la retirada, la desmoralización fue total.

Sin intentar preservar sus propias líneas y con cada hombre actuando al parecer por su cuenta, las tropas del gobierno huyeron en todas direcciones hacia donde pensaban que no había enemigos esperándolos. No más de cincuenta hombres del ejército de Villela lo siguieron en la retirada con este pequeño grupo hacia La Amontinata.

Pequeñas bandadas huyeron en todas direcciones, perseguidos ferozmente por los revolucionarios. Mataron a tantos como pudieron mientras huían, y cuando la batalla terminó, todos los que habían sido capturados fueron acribillados.

Fuente: Philadelphia Inquirer

LA REVOLUCIÓN DE HONDURAS
Reportes confirmados por uno de los líderes del levantamiento de Nuila.

Nueva Orleans, 12 de abril.

En el barco a vapor *Oteri* de Trujillo, Honduras hispana, P. S. Brubaker de Fargo, Dakota del Norte, llegó esta mañana. Ha vivido cuatro años en Honduras, donde él tiene intereses agrícolas. Estuvo involucrado en la revolución de Nuila de hace un año, y después de su colapso fue arrestado, juzgado y sentenciado a muerte. El presidente Leiva, generosamente, redujo su sentencia a encarcelamiento por un periodo de cuatro años, y poco después, por petición del gobierno estadounidense, le otorgó un perdón incondicional. Ha estado fuera de prisión unos tres meses.

Al momento de la revuelta de Nuila, los amigos de Brubaker estaban interesados en el movimiento revolucionario, por lo que se sintió obligado a alistarse con ellos como soldado en el ejército de los revolucionarios. Antes de la captura de Ceiba, el Gral. Nuila caminó por la línea de los reclutas y escogió al soldado Brubaker y lo asignó como capitán de una compañía. Los hombres fueron colocados en el barco a vapor *Oteri* y el grupo bordeó por la costa hacia Trujillo. A una milla de ese lugar, Brubaker fue puesto a cargo de un ataque y efectuó el primer desembarco de tropas que posteriormente resultó en la caída de Trujillo.

El capitán Brubaker fue promovido después al puesto de mayor, y después de la captura de Olancho, donde 290 soportes de armas fueron tomados, fue nombrado miembro del equipo del Gral. Nuila. Poco después de estos eventos, setenta de los revolucionarios se mantuvieron a raya y derrotaron a 900 tropas del gobierno. La derrota se debió, principalmente, a la puntería superior del mayor Brubaker y sus hombres. Luego siguieron los reveses, la captura y ejecución del Gral. Nuila, y el escape del mayor Brubaker. Alcanzó la costa y evadió con éxito la detección entre las filas de más de 3,500 soldados del gobierno hasta fue reconocido, arrojado en prisión y mantenido allí en Omoa y Trujillo por cinco meses y cinco días.

Él confirma el reporte de la captura de Trujillo por los revolucionarios la semana pasada, el triunfo de Bonilla y los revolucionarios en Tegucigalpa, la separación del partido del gobierno y la huida a este país de algunos estadounidenses con alto rango militar en el ejército regular.

Según se reporta, el mayor Burke, ex tesorero de Luisiana y amigo confidencial de Brogan, está en Tegucigalpa, "muerto en la ruina y demasiado pobre para salir del país".

Fuente: The New York Times

1893-abril-19

LA REBELIÓN EN HONDURAS

Nueva Orleans, 18 de abril.

De acuerdo a noticias recibidas aquí desde Honduras, los rebeldes han capturado las islas de Utila y Roatán. Los pueblos de Olanchito y Yoro también fueron tomados después de una dura batalla. Se declara, bajo la misma autoridad, que el Gral. Bográn y el presidente Leiva han huido a Honduras británica para escapar de la ejecución. — *Reuter.*

Fuente: The London Times

1893-abril-26

HONDURAS

Panamá, vía Nueva York, 25 de abril.

El Gral. Vásquez, comandante en jefe del ejército del presidente Leiva, ha sido declarado presidente de Honduras. — *Dalziel.*

Fuente: The London Times

1893-abril-26

REVOLUCIONARIOS VICTORIOSOS
Ahora lo tienen todo a su manera en Honduras.

Nueva Orleans, 15 de abril.

Informes traídos por el barco a vapor *Dunwiz*, de Honduras, esta tarde, indican que los revolucionarios han llevado a cabo casi todos sus propósitos, y parece ser cuestión de solo unos pocos días para que tengan el control total del gobierno.

El *Dunwiz* dejó Ceiba el miércoles, y todo, menos dos departamentos, estaba en control de los rebeldes. La captura de los puertos de Ceiba y Trujillo se efectuó casi sin oposición con la ayuda del barco a vapor *Rover*, que había sido capturado e improvisado como un buque de guerra.

El presidente Leiva, que había huido del interior, dejando al Gral. Vásquez al mando, estaba en Puerto Cortés, en la costa del Golfo, y se estaba preparando una expedición en contra de ese lugar con el fin de capturar a Leiva, quien solo tenía unos pocos hombres.

Cuando Puerto Cortés sea subyugado, la intención de los rebeldes es atacar las islas de Roatán y Utila. En este último lugar se dice que hay varios cientos de hombres y una cantidad de municiones y armas.

No se pueden obtener noticias del interior. La gente, generalmente, ha huido de la costa porque los rebeldes los han estado obligando a unirse a su ejército.

El *Dunwiz* trajo al último administrador de aduanas en Ceiba, M. Castillo, un comerciante, y a otros cuatro refugiados. Se dice que el Sr. Castillo no es otro que el presidente Leiva disfrazado, pero esto carece de confirmación. Tan pronto como el barco llegó, él se fue tierra adentro y todos los esfuerzos para localizarlo fueron en vano.

Puntería del cadete naval

Annapolis, Maryland, 15 de abril.

El entrenamiento competitivo con rifle de disparo rápido de tres libras Hotchkiss terminó el viernes, y los resultados fueron anunciados hoy. El entrenamiento se limitó a los miembros de la primera clase, cadetes navales, y estuvo bajo la dirección del teniente comandante R. R. Ingersoll. La práctica ha estado en progreso por cuatro semanas, y provenía del barco a vapor *Standish*, en curso, a rangos que variaban de 800 a 1,000 yardas. Siete disparos tenían que dispararse en un tiempo dado. Los resultados se resumieron de la siguiente manera:

Henry H. Ward, de Nueva Jersey, ganó la medalla de oro con un puntaje de 96 de 100 posibles. Peter C. Haines Jr., del distrito de Columbia, ganó la medalla de plata con un puntaje de 92. Henry A. Pearson, de Utah, E. R. Pollock, de Illinois y Richard S. Douglass, de Georgia, empataron en la primera prueba por la medalla de bronce. En el desempate, el cadete Pearson ganó con un puntaje de 96.

Fuente: The New York Times

1893-mayo-05

LA REBELIÓN DE HONDURAS HA TERMINADO
Triunfa el Gral. Vásquez y da señas de que declarará la guerra con Nicaragua.

Cablegrama especial al New York Herald y publicado simultáneamente en el The Inquirer.

Panamá, 4 de mayo.

Hemos recibido noticias de la completa victoria del Gral. Vásquez, líder de las tropas del gobierno, en contra de los revolucionarios en Honduras. Vásquez ha asumido el mando provisional del gobierno.

Después de la primera derrota sostenida por el gobierno, cuando incluso la capital cayó a manos del Gral. Bonilla, líder de las tropas revolucionarias, Vásquez, con grandes esfuerzos aumentó su ejército y recapturó Tegucigalpa. Ahora ha derrotado completamente a los revolucionarios.

Se han recibido informes de que el nuevo gobierno ha sido reconocido por El Salvador y Guatemala. Cuando se le preguntó a Vásquez qué tenía planeado hacer con Nicaragua, él dijo que se proponía pronto desayunar en León y cenar en Managua.

Durante la revolución en Honduras, Nicaragua ayudó abiertamente a Bonilla, y es más que probable, a juzgar por las amenazas hechas por Vásquez, que pronto declarará la guerra en contra de Nicaragua.

Fuente: Philadelphia Inquirer

1893-mayo-07

Liberado de una prisión de Honduras

Cablegrama especial al The Inquirer.

Lancaster, 6 de marzo.

Una carta recibida por Joseph S. Brubaker, de Lime Rock, de este condado, anuncia la liberación de prisión del capitán Phares S. Brubaker, su hermano, quien fue puesto en prisión por participar en una rebelión en contra del gobierno de Honduras. El capitán Brubaker planea regresar a Honduras pronto. Su encarcelamiento llamó la atención del congreso más tarde.

Fuente: Philadelphia Inquirer

1893-mayo-10

LA REVOLUCIÓN DE HONDURAS TERMINÓ

Derrota aplastante de los seguidores de Bonilla en una batalla del pasado jueves.

Nueva Orleans, 9 de mayo.

El barco a vapor *Breakwater* llegó la noche del lunes desde Puerto Cortés, Honduras hispana, y sus oficiales confirman el anterior rumor del colapso de la revolución de Policarpo Bonilla.

Se supo que la batalla final, que prácticamente decidió el conflicto, ocurrió el pasado jueves 4 de mayo en Guebrabotize, una pequeña ciudad a seis millas de Yoro. La ciudad y estado de Yoro ha sido la fortaleza de los rebeldes, con la mayoría de las batallas limitándose a ese estado y el adyacente de Olancho. En cada derrota, los rebeldes se dirigían a la calidez de las montañas de esos distritos por seguridad y refuerzos. En este enfrentamiento en Guebrabotize, las fuerzas del gobierno superaban en número a los rebeldes, y, al acercarse a ellos sigilosamente, los derrotaron por completo, no solo capturando todos sus suministros, sino matando a varios de ellos y capturando al resto. Solo quedaron algunos para transmitir las noticias a sus compañeros en Yoro.

Inmediatamente después de la batalla, Bonilla desapareció en las montañas del interior, dejando a la mayor parte de sus fuerzas restantes en Yoro, en una condición comparativamente desprotegida. Las fuerzas del gobierno estaban en marcha cuando se supo lo último, y para este momento el lugar, sin duda, ha sido tomado y sus reclusos han sido dispersados o capturados.

Se supo que Vásquez, el actual gobernador de Honduras, le había ordenado al Gral. Ordoñez de las tropas del gobierno, ejecutar a los cuarenta y dos cautivos que fueron tomados en la recaptura de Trujillo por las fuerzas del gobierno, y que los ejecutaran dentro de las veinticuatro horas después de que recibió el mensaje. El mensajero, que debía llevar este mensaje de Puerto Cortés a Trujillo, fue visto por los oficiales del *Breakwater* justo antes de zarpar, y se supo que el mensaje al Gral. Ordoñez exigía la vida de estos cuarenta y dos, bajo pena de que, si no eran fusilados, el propio Ordoñez sería fusilado. Los oficiales del *Breakwater* están seguros de que estos cautivos encontraron su muerte el jueves pasado. Se cree que cuando las noticias de sus ejecuciones lleguen a los otros rebeldes escondidos, la preocupación se apoderará de ellos, resultando en una rendición general de todos los que llevaban armas en contra del gobierno.

Fuente: The New York Times

1893-junio-03

HONDURAS ESTÁ TRANQUILO DE NUEVO
Casi todos los líderes revolucionarios han dejado el país.

Washington, 2 de junio.

El Departamento de Estado ha sido informado por el cónsul en Tegucigalpa de que los líderes de los revolucionarios de Honduras han dejado el país, con excepción del Gral. Terencio Sierra, quien, con una banda de unos 150 hombres, está aún en el departamento de Paraíso cerca de la frontera nicaragüense. El Gral. Sierra cambia su posición casi diariamente y se esconde en la solidez de la montaña, así que es muy difícil para las fuerzas del gobierno atacarlo.

Tanto Policarpo como Manuel Bonilla han sido heridos; al primero le han amputado el brazo, y se reporta que tiene gangrena. Algunos de los líderes están en Nicaragua y otros en Guatemala.

A menos que sucedan eventos nuevos e inesperados, la actual revolución en Honduras está en su final. Todos los departamentos están ahora en manos del gobierno, y las comunicaciones por correo y por telégrafo están siendo reestablecidas tan rápido como es posible. La constitución del gobierno en la capital no ha cambiado.

AYUDA SOLICITADA PARA EL TRANSBORDADOR FERROVIARIO CANADIENSE.

Ottawa, Ontario, 2 de junio. Una última apelación por ayuda se está haciendo al gobierno del Dominio por la compañía comprometida en la construcción de un transbordador ferroviario a través del Istmo de Chignecto desde el Golfo de San Lorenzo hasta la Bahía de Fundy.

Hace once años, la compañía obtuvo una carta y el Parlamento aprobó una ley acordando subsidiar el proyecto por un monto de $170,000 anuales después de su finalización. La compañía recaudó $3,500,000 en Inglaterra, que fue gastado en el trabajo. Se ocupan un millón y medio más para terminar el trabajo, pero los esfuerzos de la compañía para recaudar dinero han fallado.

La petición ante el gobierno pide que una porción del subsidio prometido sea adelantada para asistir a la compañía en la finalización del trabajo, o que el interés sobre los bonos de la compañía sea suficiente para recaudar el dinero requerido.

La compañía dice que, a menos que tal ayuda sea dada, los $3,000,000, gastados en el trabajo serán perdidos en su totalidad y los experimentos del transbordador ferroviario quedarán sin probarse.

EL PAGADOR SULLIVAN BAJO SUSPENSIÓN

Washington, 02 de junio. El pagador John Clyde Sullivan, de la marina, está bajo suspensión a bordo del barco a vapor estadounidense *Independence* en el astillero naval de Mare Island. Ha estado bajo suspensión desde el 15 de mayo, y permanecerá así hasta que el departamento actúe sobre el reporte enviado aquí por el inspector de paga Lyon, concerniente a las cuentas del Sr. Sullivan. El Sr. Lyon, quien es inspector de las cuentas de los oficiales de paga en la costa del Pacífico, encontró ciertas irregularidades en los libros y papeles del Sr. Sullivan y puso a este bajo suspensión.

El pagador Bacon, de la oficina de pagos del astillero naval de Mare Island, está a cargo de las cuentas del *Independence* hasta que los cargos en contra del Sr. Sullivan sean removidos o el oficial separado.

Fuente: The New York Times

1893-junio-19

MÁS DIVERSIÓN PARA HONDURAS
El General Bonilla se ha recuperado y quiere luchar de nuevo.

Cablegrama especial al New York Herald y publicado simultáneamente en el The Inquirer.

Panamá, Colombia, 18 de julio.

El General Bonilla declara que muy pronto se reanudarán las hostilidades en Honduras. Bonilla se ha recuperado de la herida que recibió durante la reciente revolución en esa república, lo que resultó en la victoria del General Vásquez, quien ahora dirige el país de la forma más tiránica. Bonilla está ansioso por renovar la lucha, y ha ido a Honduras para unirse a sus seguidores, quienes siguen portando armas en las provincias.

Fuente: Philadelphia Inquirer

1893-junio-23

SU MISIÓN EXITOSA
Regreso de la expedición de Harvard para explorar las ruinas de Copán.

Boston, 22 de junio.

Los miembros de la expedición enviada por el Museo Peabody de Arqueología de la Universidad de Harvard para explorar las ruinas de la antigua ciudad han iniciado su regreso a casa. Ellos dejaron Livingstone unos días atrás, y llegarán a los Estados Unidos en algún momento de julio. Ha habido mucha fiebre amarilla a lo largo de la costa, pero, según los últimos informes, ningún miembro de la expedición se ha contagiado y todos están bien.

Los miembros de la expedición son: M. H. Saville, científico asistente; J. G. Owens, oficial ejecutivo y H. W. Price, agente residente. Además de estos se han empleado a nativos para el trabajo manual necesario para realizar las excavaciones.

El grupo ha tenido buen éxito en su trabajo, y regresan en este momento porque es imposible trabajar en Honduras con algún grado de inmunidad hacia la enfermedad en el verano. Las últimas cartas de la expedición al Prof. Putnam, de Harvard, quien es jefe del movimiento, parecen haberse perdido, y, por lo tanto, alguna información referente al trabajo no se ha recibido.

El Prof. Putnam dice que la expedición ha sido un éxito, y espera que el museo sea capaz de enviar otra este otoño. Eso, sin embargo, dependerá de si el dinero necesario para los gastos es suscrito. El museo ha recibido un decreto por el Gobierno de Honduras, permitiéndoles hacer excavaciones y exploraciones en ese país por un periodo de diez años. El museo se encargará de las antigüedades del país y se le permitirá llevarse la mitad de los objetos encontrados durante las excavaciones.

El Prof. Putnam acaba de asignar a cinco estudiantes más de Harvard para trabajar entre los indios en interés de su departamento en la feria mundial. Ahora se han enviado a cuarenta y siete estudiantes a esta misión, veintisiete de Harvard, varios de la Universidad de Leland Stanford y de la Universidad de California, así como de algunas universidades de Wisconsin. Estos jóvenes trabajarán durante todo el verano entre las tribus indias recolectando materiales para los departamentos de etnología y antropología física de la feria. Ellos irán entre las tribus indias y tomarán medidas de las personas de todas las edades.

Todas las peculiaridades del cabello, los ojos, nariz, orejas, labios y color serán las más observadas. Los brazos, hombros y otras partes del cuerpo también serán medidas. Deben ser comprobados el largo y ancho de la cabeza, la altura y anchura de la nariz, contornos mediales y transversales de la cabeza, y los contornos de las manos.

A partir de los datos así obtenidos, se prepararán una serie de cuadros y tablas que ilustran las características físicas de la gente nativa de América. Un laboratorio antropológico será establecido en la sede del departamento del Prof. Putnam durante la feria, donde estas tablas y cuadros serán exhibidos.

Fuente: The New York Times

1893-julio-09

REINADO DE TERROR EN HONDURAS
El Dr. Zúñiga dice que la situación en ese país es crítica.

Cablegrama especial al New York Herald y publicado simultáneamente en el The Inquirer

Panamá, Colombia, 8 de julio.

El corresponsal del *Herald* en Guatemala informa que el Gral. Sierra, uno de los líderes de la reciente revolución en Honduras, a llegado allí. Probablemente irá por tierra al puerto Livingston, y, desde allí, se unirá a aquellos que están intentando reorganizar a los revolucionarios ahora esparcidos por la costa y por las provincias del este de Honduras.

El Dr. Zúñiga, quien fue secretario de estado durante la administración de Bográn y Leiva en Honduras, ha sido expulsado por el Gral. Vásquez, el actual presidente. Él está ahora en Guatemala. Él dice que prevalece un reinado de terror en Honduras. La situación es alarmante. Una carta de San José, Costa Rica, dice que los Sres. Martín, Tacias y Crombet están juntando fondos de los cubanos con el propósito de ayudar a la propuesta revolución en Cuba.

1893-julio-10

EL DICTADOR VÁSQUEZ ES DEFENDIDO
El periódico oficial de Honduras defiende su política asesina.

Cablegrama especial al New York Herald y publicado simultáneamente en el The Inquirer.

Panamá, Colombia, 9 de Julio.

El corresponsal del *Herald* en Tegucigalpa escribe que *El Diario de Honduras*, periódico oficial de Honduras, ha publicado un editorial en el cual defiende las ejecuciones autorizadas por el dictador Vásquez. Ese periódico declara que es una cuestión de vida o muerte para el gobierno existente y que no puede aplastar a la oposición por actos magnánimos.

Declara que la situación exige medidas positivas y severas, y que unos pocos deben sufrir la pérdida de la vida para que así todos los simpatizantes de la revolución derrotada sean eliminados y se restaure la ley y el orden.

El periódico añade que los intereses extranjeros están sufriendo por los efectos de la guerra, y que ellos se unen a Honduras en felicitar a Vásquez por su firmeza.

Fuente: Philadelphia Inquirer

1893-julio-10

El Dr. Cuniga, quien fue secretario de estado durante las administraciones de Bográn y Leiva en Honduras, ha sido desterrado por el General Vázquez, el presidente interino. Ahora está en Guatemala. Él dice que un reinado de terror prevalece sobre Honduras.

Fuente: Philadelphia Inquirer

BRUTALIDADES DE HONDURAS
Los refugiados cuentan historias nauseabundas de crueldades del dictador Vásquez.

Cablegrama especial al New York Herald y publicado simultáneamente en el The Inquirer.

Panamá, 12 de julio.

La correspondencia del *Herald* en Chinandega, Nicaragua, dice que los refugiados que han llegado allí desde Honduras cuentan historias nauseabundas de las brutalidades cometidas en el nombre de y por orden del Gral. Vásquez, actual presidente.

De acuerdo a las historias que ellos cuentan, sus esposas y las esposas de los oficiales de Comayagua, Peducicalter y Choluteca, quienes pelearon con Bonilla durante la reciente revolución, fueron encarceladas en Tegucigalpa cuando Vásquez entró en la ciudad.

Estas mujeres han sido liberadas de prisión, pero aún son molestadas por la constante vigilancia.

El Gral. Vásquez propone tener una elección especial para presidente y así perfeccionar su intención de ocupar el cargo de Leiva que aún no termina. Leiva ha protestado en contra de esto, pero ha accedido a acatar el resultado de la elección si los amigos de Bonilla se le unen en proclamar al expresidente Bográn como su candidato en contra de Vásquez.

Si se efectúa la combinación propuesta y Bográn acepta el llamado para dirigir a la oposición unida en contra de Vásquez el destino del dictador estará decidido.

Fuente: Philadelphia Inquirer

PARA DERROCAR A VÁSQUEZ
Una rebelión será dirigida en contra del gobernador de Honduras desde Nicaragua.

Cablegrama especial al *New York Herald* y publicado simultáneamente en el *The Inquirer*.

Panamá, Colombia, vía Galveston, Texas, 7 de agosto.

Informes privados de San José de Cúcuta, en la frontera de Venezuela, dicen que la revuelta en Los Andes se está volviendo seria.

Informes de Amapala, Honduras, dicen que el Gral. Sierra se unió a Policarpo Bonilla en Nicaragua y dirigió a la división hondureña en la guerra contra el Gral. Zavilla.

Se entiende que el Gral. Zelaya, tan pronto como sea establecido en el poder en Nicaragua, ayudará a Bonilla en sus esfuerzos para derrocar a Vásquez, en Honduras.

Fuente: Philadelphia Inquirer

1893-septiembre-21

HONDURAS

Nueva York, 20 de septiembre.

El corresponsal de Panamá del *Herald* informa que el Gral. Vásquez ha sido elegido presidente de Honduras en sucesión al Sr. Leiva, quien recientemente renunció. — *Reuter.*

Fuente: The London Times

VÁSQUEZ HECHO PRESIDENTE
Él ha emitido un decreto de amnistía y perdón para todos los exiliados.

Panamá, 26 de septiembre.

De acuerdo a los últimos comunicados centroamericanos, el General Vásquez, de Honduras, ha sido instalado como presidente el día 15. Él ha emitido un decreto de amnistía y perdón para todos los exiliados y ofensores políticos y otros decretos que restauran la libertad de prensa y reunión en Honduras.

El que las personas estadounidenses ya han desarrollado confianza en el gobierno justo y honesto del presidente Vásquez se demuestra claramente por las muchas preguntas recibidas en el gobierno de parte de residentes foráneos con relación a la inmigración y la inversión de capital estadounidense.

Fuente: Philadelphia Inquirer

DISPAROS HACIA NUESTRA BANDERA
Se dice que el presidente de Honduras ha dado la orden mediante la que se hicieron siete disparos en dirección a los colores estadounidenses.

Cablegrama especial del *New York Herald* y publicado simultáneamente en *The Inquirer*.

La libertad, Honduras, vía Galveston, Texas, 6 de noviembre.

Honduras disparó en contra de una bandera estadounidense esta mañana.

Debido a las supuestas órdenes del presidente Vásquez y por la orden expresa del comisionado del puerto de Amapala, se realizaron siete disparos de cañón hacia el barco de correo del Pacífico *Costa Rica*, que tenía izadas las barras y las estrellas, mientras se alejaba, porque se negó a entregar a uno de sus pasajeros al gobierno de Honduras.

El ministro Baker de los Estados Unidos iba a bordo del *Costa Rica* en ese momento.

Fuente: Philadelphia Inquirer

1893-noviembre-08

DISPAROS CONTRA UN BARCO A VAPOR ESTADOUNIDENSE
Un "incidente" por el que Honduras puede ser llamado a rendir cuentas.

Washington, 07 de noviembre.

Los informes recibidos por el Departamento de Estado desde la escena del último problema en Honduras son para el siguiente efecto:

El ministro Baker abordó el *Costa Rica*, un barco estadounidense, en Corinto (Nicaragua), para dirigirse a El Salvador. El barco entró a un puerto de Honduras y, mientras estaba allí, las autoridades del gobierno demandaron del capitán a un tal Bonilla, un ciudadano de Honduras, quien era pasajero en el barco camino a Guatemala. Bonilla, se entiende, había participado en un movimiento de insurrección en Honduras, por el cual tenía un cargo criminal pendiente en contra de él.

Después de que el barco había recibido sus documentos de autorización y mientras salía del puerto, seis o siete disparos fueron disparados, y no está claro si los disparos iban directamente al barco o solo enfrente de este para que se detuviera.

En conformidad con el uso departamental, no hay indicios de las intenciones del Secretario en el asunto. Sin embargo, si se sigue el curso usual, el departamento probablemente esperará instrucciones completas antes de tomar alguna acción buscando remediar. Además, es una pregunta si los disparos fueron dirigidos a través de las proas de la embarcación y no directamente a ella, y si hay algún motivo para quejarse.

Sin embargo, es probable que, a la espera de recibir más avisos, se tomen medidas para evitar cualquier interferencia ilegal con los intereses estadounidenses en estas aguas.

El *Alliance*, un barco a vapor estadounidense, zarpó hoy desde San José de Guatemala hacia Acajutla, El Salvador, que está a un día de navegación de Amapala, donde el tiroteo tuvo lugar. Hasta el cierre del horario de oficinas de hoy no se han emitido órdenes para su comandante, pero él está bajo instrucciones generales de cruzar la costa oeste de los Estados centroamericanos usando su propio juicio sobre los puntos de parada, y él probablemente pueda proceder de una vez a Amapala por su propia voluntad si ha escuchado de los problemas allí.

La actitud de nuestro Gobierno en casos como este ha sido bastante bien definida, en particular los del general Barrundia y Mijares, pero en un caso aún más cercano al caso de Bonilla. Este es el que se conoce como el caso Gómez. Gómez, un refugiado político nicaragüense, tomó en 1885 pasaje en San José, Guatemala, hacía Punta Arenas, Costa Rica, a bordo del barco a vapor de correo *Honduras*, y mientras la embarcación estaba en el puerto de San Juan del Sur, Nicaragua, las autoridades locales hicieron esfuerzos para arrestarlo.

El capitán del barco, McCrae, se negó a entregar a su pasajero, y eventualmente zarpó sin los permisos usuales. Se iniciaron procedimientos en contra del capitán McCrae en el juzgado de primera instancia de Nicaragua, que resultaron en su absolución, con la corte afirmando que el capitán no estaba bajo ninguna obligación de entregar a Gómez a las autoridades de Nicaragua y que su negación para hacerlo no era ninguna falta de respeto para estos últimos. Al remitirse el caso a la Corte Suprema de Granada, se aprobó el dictamen del tribunal inferior.

Fuente: The New York Times

ESE INSULTO DE HONDURAS
Informes del secretario Gresham sobre los disparos a la bandera de Estados Unidos.
El departamento espera por más informes antes de tomar acción — Pasos para proteger los intereses del tío Sam.

Washington, 7 de noviembre.

Los informes recibidos por el departamento de estado de la escena del último problema en Honduras dicen lo siguiente:

El ministro Baker abordó el *Costa Rica*, un barco estadounidense, en Corinto, Nicaragua, hacia El Salvador. El barco entró en el puerto de Honduras y, mientras estaba allí, las autoridades del gobierno exigieron al capitán Bonilla, un ciudadano de Honduras, que era un pasajero del barco en camino a Guatemala. Se entiende que Bonilla había participado en un movimiento de insurrección en Honduras por el cual estaba pendiente un cargo criminal en contra de él. Después de que el barco recibió sus papeles de autorización y mientras dejaba el puerto, seis o siete disparos fueron disparados, ya sea directamente al barco o enfrente de él.

ESPERANDO POR LOS INFORMES COMPLETOS.

De acuerdo con el uso departamental, no hay indicios de las intenciones del secretario en el asunto. Sin embargo, si se sigue el curso usual, probablemente el departamento esperará a recibir informes completos antes de tomar cualquier acción en respuesta. Además, está en duda si los disparos fueron dirigidos a la proa del buque y no directamente a él, y si hay algún motivo de denuncia. Sin embargo, es probable que, en la espera de recibir más informes, se tomen acciones para prevenir cualquier interferencia ilegal en los intereses estadounidenses en esas aguas.

El barco a vapor estadounidense *Alliance* zarpó hoy desde San José de Guatemala hacia Acajutla, El Salvador, que está a un día de navegación de Amapala, donde tuvo lugar el tiroteo. Hasta el cierre de las horas de oficina de hoy no se habían dado órdenes a su comandante, pero él tiene instrucciones generales de navegar a lo largo de la costa oeste de los países centroamericanos, usando su propio juicio en cuanto a sus puntos de detención, y posiblemente se dirija de inmediato a Amapala por su propia voluntad si se ha enterado del problema allí.

EL CASO GÁMEZ.

La actitud de nuestro gobierno en casos como este ha sido muy bien definida en varias ocasiones, notablemente en la del Gral. Barrundia y Mijares, en un caso aún más cercano al de Bonilla. Esto es lo que se conoce como el caso Gámez. Gámez, un refugiado político nicaragüense, en 1885 tomó un pasaje en San José, Guatemala, hacia Punta Arenas, Costa Rica, a bordo del barco a vapor de la Pacific Mail *Honduras*, y, mientras el barco estaba en el puerto de San Juan del Sur, Nicaragua, las autoridades locales hicieron esfuerzos para arrestarlo.

El capitán del barco, McCrae, rehusó entregar a su pasajero, y eventualmente zarpó sin el permiso usual. Se inició un proceso contra el capitán McCrae en el tribunal de primera instancia de Nicaragua, que resultó en su absolución, el tribunal sostuvo que el capitán no estaba obligado a entregar a Gámez a las autoridades nicaragüenses y que su negativa a hacerlo no fue una falta de respeto a estas últimas.

Tras remitir el caso a la corte suprema de Granada, se aprobó el dictamen de la corte inferior.

Fuente: Philadelphia Inquirer

1893-noviembre-08

El secretario de estado Gresham dijo lo siguiente esta noche: "Cuando se recibió información auténtica en el departamento de estado sobre el ataque hacia el barco mensajero estadounidense *Costa Rica* en Amapala, el día 6 de este mes, debido a la negación del capitán de entregar a Bonilla, un pasajero, el Gral. Young, ministro de los Estados Unidos para Honduras, bajo instrucciones enviadas por el secretario Gresham por dirección del presidente, protestó en contra de la acción y exigió una disculpa. El gobierno de Honduras rechazó inmediatamente la conducta de sus oficiales y expresó sincero arrepentimiento por lo ocurrido".

Fuente: Philadelphia Inquirer

1893-noviembre-13

El secretario de estado Gresham dijo lo siguiente esta noche: "Cuando se recibió información auténtica en el departamento de estado sobre el ataque hacia el barco mensajero estadounidense *Costa Rica* en Amapala, el día 6 de este mes, debido a la negación del capitán de entregar a Bonilla, un pasajero, el Gral. Young, ministro de los Estados Unidos para Honduras, bajo instrucciones enviadas por el secretario Gresham por dirección del presidente, protestó en contra de la acción y exigió una disculpa. El gobierno de Honduras rechazó inmediatamente la conducta de sus oficiales y expresó sincero arrepentimiento por lo ocurrido".

La disculpa por parte del gobierno de Honduras es totalmente satisfactoria para los Estados Unidos, y se cree que esto pondrá fin al incidente.

Fuente: Philadelphia Inquirer

1893-noviembre-13

UN RETROCESO COMPLETO
Honduras ofrece satisfacer la demanda de Estados Unidos.

Cablegrama especial al *New York Herald* y publicado simultáneamente en el *The Inquirer*.

Salvador, San Salvador, vía Galveston, Texas, 12 de noviembre.

La protesta del ministro Young hacia las autoridades de Honduras en contra de los disparos por el comandante del puerto de Amapala sobre el barco a vapor de la Pacific Mail *Costa Rica*, ondeando la bandera estadounidense, porque el capitán del *Costa Rica* se negó a entregar a Bonilla, un pasajero, ha obtenido respuesta del ministro López. El gobierno de Honduras desaprueba la conducta del oficial del puerto de disparar hacia el *Costa Rica* y ofrece una satisfacción a los Estados Unidos cuando se de a conocer lo que Estados Unidos exige.

Bonilla, quien fue el sujeto especial del ataque sobre el barco a vapor, es un ciudadano adoptado de la república de Nicaragua. Fue elegido hace tres meses como miembro de la asamblea constituyente de Nicaragua, el mayor congreso conocido por la república, y un organismo encargado de la revisión de la constitución del país. Se conoce a los miembros de esta asamblea como "inviolables", y su seguridad personal es garantizada por la nación. Bonilla, al momento del incidente, estaba de camino a Guatemala desde Nicaragua.

Se informó, al momento del incidente, que, en su deseo por obtener posesión de su antiguo enemigo, Bonilla, el presidente Vásquez, de Honduras, ordenó a los oficiales del barco a "tomar a Bonilla del barco, y si el capitán se niega a entregarlo, disparen al barco".

Fuente: Philadelphia Inquirer

1893-noviembre-14

TRABAJO PARA LOS GUARDIAS DE COLÓN
Se dice que fueron enlistados como soldados para Honduras.

Chicago, 13 de noviembre. Una nueva ocupación se ha abierto para los miembros de la guardia de Colón. Están siendo enlistados en el parque Jackson para ir a Honduras como soldados. El Dr. Thackery, superintendente de división en el departamento de manufacturas, parece ser el promotor del plan, y, a través de su influencia, se dice que los guardias han sido enlistados.

Por varias semanas, los guardias han sido abordados e invitados a ir a las reuniones celebradas por la noche en el edificio de manufacturas en una de las oficinas del jefe Allison. En algunos casos se impuso el secreto, mientras que en otros simplemente había una comprensión implícita de que no había que decir nada.

La noche del jueves pasado veinticinco o treinta de los guardias se reunieron en la oficina del Sr. Thackery. Él les dijo que había un movimiento, por parte del Gobierno de Honduras, de dar una exposición allí el próximo año de manufacturas estadounidenses. Dijo que el presidente tenía el tema bajo asesoría, y que sería anunciando dentro de un mes o dos si el plan seguiría adelante. En caso de ser así, les pidió a los guardias enlistar sus nombres en un libro que estaba en la oficina, significando su deseo de hacer el viaje.

El inicio debía hacerse el próximo febrero. Aquellos que irían se debían reunir en Nueva Orleans bajo su propio gasto, y, desde ese punto, serían transportados a Honduras a expensas del gobierno.

El orador después declaró que quería buenos hombres para proteger la propiedad de la exposición. Él deseaba que 100 hombres fueran primero como mecánicos. Se les prometió el sueldo de un mecánico, $5 al día. Después de que los primeros 100 hombres fueran instalados, 300 hombres adicionales, dijo, serían llevados, que serían soldados. Ellos recibirían el sueldo regular del ejército de $16 al mes, y se proporcionarían raciones. Estarían bajo el Gobierno de Honduras.

Después, se reporta que el orador dijo lo siguiente: "Ahora, muchachos, esto formará el inicio. Mientras el trabajo avance, los 300 hombres aumentarán a 2,000. Ustedes serán organizados en regimientos de caballería, infantería y artillería. Los equipos serán de primera categoría en cada particular. La artillería serán pistolas Hotchkiss de disparo rápido, y los hombres de infantería tendrán rifles. Debo añadir que el actual gobernador de Honduras fue puesto en el poder por 60 hombres, y está retenido por 160".

Si hay algo de leche en el coco, se encuentra en la supuesta última declaración. Se pudo haber dicho con entusiasmo, pero los guardias tuvieron la impresión de que había algo grande en el plan, y de que un gobierno en Sudamérica era una cosa fácil de capturar. Después de cierto tiempo, también, se declaró que los hombres tendrían la oportunidad de asegurar tierras, las cuales podrían retener o disponer de ellas.

Uno de los guardias que estuvo en la reunión del jueves pasado por la noche dijo que probablemente 150 guardias se habían enlistado.

Él era uno de los firmantes, pero, antes de ir a Sudamérica, pretendía aprender más sobre los planes de los promotores. Cuando el Dr. Thackery fue visto en su oficina ayer por la tarde, al principio no estaba dispuesto a hablar. Estuvo a punto de negar todo conocimiento de la exposición de Honduras, pero posteriormente aventuró un poco de información.

"Aún es muy pronto para hablar de esto. No sé cuándo se celebrará la exposición. Está contemplado por el presidente de la República, y creo que lo sabré dentro de treinta o sesenta días. Yo iré a Honduras en unas semanas, y si se determina la exposición, regresaré aquí para proteger la propiedad. Tendremos una reserva donde se realice la exposición, y no tengo la intención de llevar allá bienes estadounidenses sin proveer su protección. Los hombres recibirán paga por el Gobierno de Honduras".

Fuente: The New York Times

1893-noviembre-20

HONDURAS QUIERE GUERRA
El gabinete sigue ansioso por involucrar a Nicaragua en la batalla.

Cablegrama especial al New York Herald y publicado simultáneamente en el The Inquirer.

La Libertad, El Salvador, vía Galveston. Texas, 19 de noviembre.

Honduras, antes de aceptar el nombramiento del ministro de El Salvador para mediar con Nicaragua, espera la respuesta de los otros países a su solicitud de intervenir en contra de Nicaragua.

En el gabinete el sentimiento de guerra en contra de Nicaragua es fuerte.

Fuente: Philadelphia Inquirer

PARA PELEAR CONTRA HONDURAS
Nicaragua pedirá prestados $400,000 para sufragar los gastos de guerra.

Cablegrama especial al New York Herald y publicado simultáneamente en el The Inquirer.

Managua, Nicaragua, vía Galveston, Texas, 1 de diciembre.

El gobierno ha decretado que un préstamo forzado de $400,000 se conseguirá para sufragar los gastos de la guerra con Honduras.

Los seguidores de Bonilla están listos para invadir Honduras desde la frontera con Nicaragua.

Todavía no han ocurrido hostilidades.

Fuente: Philadelphia Inquirer

LA REVOLUCIÓN EN HONDURAS
Buques de guerra para proteger el comercio estadounidense en Centroamérica.

Washington, 23 de diciembre.

Un cablegrama ha sido recibido por el Departamento de Estado, del Ministro P. M. B. Young, fechado en Nicaragua, declarando que los revolucionarios de Honduras están marchando desde Nicaragua a Honduras. El ejército del último país ha sido puesto en movimiento para encontrarlos. El cablegrama no da pistas sobre el probable resultado de la contienda.

El buque a vapor estadounidense *Ranger* llegó a La Libertad, San Salvador, esta mañana. El buque a vapor estadounidense *Alliance*, que será relevado por el *Ranger*, ya está allí, y se han enviado instrucciones a los comandantes de ambas embarcaciones para velar por los intereses estadounidenses en Centroamérica durante la revolución de Honduras.

Fuente: The New York Times

REVUELTA EN HONDURAS
Los rebeldes marchan desde Nicaragua para encontrarse con el ejército del gobierno.

Por el Associated Press.

Washington, 23 de diciembre.

El departamento de estado hoy recibió un comunicado indicando que es probable que otro país latinoamericano esté enredado en una guerra civil. El comunicado, que fue enviado por Pierce M. B. Young, ministro de los Estados Unidos para Honduras y Guatemala, dice lo siguiente:

"Los revolucionarios de Honduras están avanzando desde Nicaragua hacia Honduras. El ejército hondureño está en movimiento para encontrarse con los revolucionarios".

Sin duda, los intereses estadounidenses serán protegidos en caso de problemas. El *The Alliance* ha estado en La Libertad y hoy se le une el *Ranger* en ese puerto.

Fuente: Philadelphia Inquirer

LA LOTERÍA DE LUISIANA MUERTA
Pero pronto brotará de sus cenizas en Puerto Cortés, Honduras.

Nueva Orleans, 30 de diciembre.

La carta de autorización de la compañía de la lotería del estado de Luisiana, obtenida en la convención constitucional de 1869 para durar por veinticinco años, expiró por limitación, y el último sorteo tuvo lugar a las 4 en punto de hoy. Había cerca de mil tiendas de lotería esparcidas por todo Nueva Orleans, y cada una de ellas realizó su último negocio hoy. Muchas de estas eran operadas por políticos de importancia, y las ganancias de muchos de ellos llegaban a $30 al día. En consecuencia, se está expresando una gran insatisfacción en esta revolución de los asuntos.

Sin embargo, los principales hombres de la compañía de la lotería han sido mantenidos y operarán la nueva compañía en Puerto Cortés, Honduras. Los señores Conrad, Villere y otros dejaron el barco a vapor *Breakwater* la noche del jueves hacia el nuevo hogar de la lotería, llevando con ellos toda la parafernalia de los sorteos, así como la gran cantidad de comida y vinos para hacer una parrillada que celebrará el primer sorteo allí. Noventa y seis cestas de champaña fueron enviadas, con varios cientos de pavos y cientos de cajas de otras golosinas. Un hábil pirotécnico fue enviado a Puerto Cortés con el mero propósito de administrar los fuegos artificiales. El gobernador Vásquez será el invitado de honor, mientras que sus ministros y la suprema corte participarán de la alegría de la lotería, y, en conjunto, el banquete será el más grande de su tipo que Honduras haya visto.

La franquicia de la compañía durará allí veinticinco años. Los sorteos tomaran lugar en Puerto Cortés. El hecho de que el establecimiento de imprenta que publicará la lista de los sorteos haya sido puesto en Tampa, Florida, el puerto estadounidense más cercano a Honduras, indica fuertemente que la lotería continuará dependiendo de los Estados Unidos como mercado de sus mercancías ilegales.

Fuente: The New York Times

1894-enero-02

BUSCANDO LA GUERRA EN HONDURAS
El congreso ha autorizado al presidente Vásquez para seguir adelante.

San Francisco, 01 de enero.

El Gral. F. M. Aguirre de Honduras es una de los que llegaron aquí desde Honduras. El general dice que, mientras que la guerra entre Honduras y Nicaragua es inminente, diplomáticos de diferentes gobiernos centroamericanos están haciendo un arreglo entre las dos repúblicas. Él dice, sin embargo, que antes de su salida, el congreso de Honduras aprobó un acta autorizando al presidente Vásquez para equipar a las tropas y declarar la guerra en contra de Nicaragua a su discreción. La causa de esta acta se debe a que el Gobierno de

Nicaragua ha permitido a un grupo revolucionario de Honduras armarse y equiparse en Nicaragua y marchar hacia Honduras. Esto ha ocurrido cinco o seis veces durante los últimos dos años. El presidente Vásquez ha declarado que esta condición de los asuntos debe terminar, y, de ser necesario, él mismo llevará a sus tropas hasta la misma capital de Nicaragua.

Fuente: The New York Times

1894-enero-04

NICARAGUA Y HONDURAS

Nueva York, 3 de enero.

El *Herald* publica el siguiente comunicado de Managua:

"La guerra entre Nicaragua y Honduras ha comenzado. El Gral. Policarpo Bonilla, líder de los insurgentes de Honduras, ha invadido Honduras desde Nicaragua y ha capturado el pueblo de Corpus Yuscarán, donde estableció un gobierno provisional. El presidente de Nicaragua ha reconocido su autoridad. Corpus Yuscarán fue capturada después de un sitio de cinco horas el día 30 del mes pasado. Las tropas del gobierno de Honduras perdieron a 23 y cinco fueron heridos, mientras que del lado de los insurgentes dos fueron asesinados y muchos heridos. El Gral. Bonilla está ahora sitiando Choluteca, cortando así la comunicación con el interior. Él intentó tomar cuartel, pero fue rechazado por el Gral. Villela. El Gral. Rosas fue asesinado en el enfrentamiento. El ejército nicaragüense ha decidido invadir territorio de Honduras con ayuda del Gral. Bonilla. Tres mil nicaragüenses al mando del Gral. Ortiz ocuparon San Luis y Cinco Pinos el día 24 del mes pasado. Ellos están allí esperando la amenaza del Gral. Vásquez, presidente de Honduras, para invadir Nicaragua". — *Reuter.*

(Lo anterior apareció en nuestra segunda edición de ayer).

Fuente: The London Times

POR QUÉ HONDURAS Y GUATEMALA ESTÁN FUERA

Washington, 3 de enero.

Pierce M. B. Young, ministro de los Estados Unidos para Honduras y Guatemala, ha enviado un informe al Departamento de Estado sobre el problema entre Nicaragua y Honduras. Dice que el sentimiento hostil fue causado por la acción del Gobierno de Nicaragua de admitir a los refugiados hondureños a los derechos de ciudadanía. Algunos refugiados, él dice, incluso han sido elegidos a la legislatura de Nicaragua. Las personas que están comprometidas en la actual guerra civil en Honduras organizaron sus fuerzas en Nicaragua.

Fuente: The New York Times

1894-enero-06

LA REPÚBLICA DE HONDURAS

Un informe de la legación británica en Guatemala sobre la condición de la República de Honduras ha sido emitido recientemente por el Ministerio de Relaciones Exteriores. Honduras es el Estado medio de Centroamérica y tercero en tamaño. Es eminentemente montañoso, pero tiene, aquí y allá, llanuras onduladas y fértiles praderas que son bien regadas. Pocos países en Hispanoamérica han sido tratados tan generosamente por la naturaleza; aunque sus grandes recursos agrícolas y riqueza mineral permanecen inactivos por falta de empresas, y como consecuencia de la frecuencia de los conflictos civiles e internos.

La guerra civil en Honduras, de mayo de 1892 a abril de 1893, arrojó su economía, comercio e industrias hacia el caos y el estancamiento. Debido a sus grandes recursos naturales y a la escasez de la población, Honduras ofrece, en muchos sentidos, un buen campo para colonizadores extranjeros. El clima es bueno, excepto en la costa donde prevalece la malaria; en las tierras más altas el calor es templado y equitativo. Los colonos deben tratar con las autoridades locales con la mayor circunspección y evitar la política local. Se muestra que hay oportunidad de hacer fortunas en la República por la prosperidad de muchos colonizadores extranjeros, quienes, en el transcurso de ocho o diez años, se han levantado de circunstancias de necesidad a la riqueza.

Pero parece que no hay lugar para los artesanos británicos debido a la diferencia de lenguaje, costumbres y entorno, y "se ha demostrado que los emigrantes británicos, además de ser más exigentes en sus requisitos que otros, aparentemente no pueden superar su incapacidad innata de adaptarse a las condiciones diferentes a las cuales se enfrentan en los países hispanoamericanos".

Los productos agrícolas son el tabaco, azúcar, maíz, trigo, café, índigo, cocoa, etc. Antiguamente el producto principal era la famosa caoba, pero, debido a la falta de empresas, el comercio se ha debilitado. El tabaco es el más fino cultivado en Centroamérica, y es exportado principalmente a Cuba, donde es reajustado y vendido como tabaco de La Habana. Los recursos minerales son mucho más grandes que en cualquier otro Estado de Centroamérica, e incluyen oro, plata, cobre, plomo, hierro, antimonio y carbón.

Fuente: The London Times

1894-enero-06

EL LEVANTAMIENTO EN HONDURAS

Nueva York, 5 de enero.

El siguiente comunicado con fecha de ayer desde Managua, la capital de Nicaragua, es publicado por el *World*:

"El Gral. Bonilla, líder de los insurgentes de Honduras, invadió y tomó Choluteca, con 150 hombres asesinados o heridos. El Gral. Villela, comandante de las tropas del gobierno se retiró a Rancherías. El Gral. Ortiz, comandante de las fuerzas nicaragüenses, ha sido ordenado a esperar el ataque de las tropas de Honduras y después inmediatamente invadir el país. El gobierno ha recaudado un préstamo forzado de $350,000 sobre los comerciantes".

El *Herald* confirma el informe de que Choluteca ha sido capturada por el Gral. Bonilla, y dice que el Gral. Williams y muchos otros oficiales fueron capturados. El comunicado continúa de la siguiente manera:

"El presidente Vásquez está retenido por las tropas de Nicaragua cerca de Yuscarán. Los aliados invasores marcharán inmediatamente sobre Tegucigalpa. El Gral. Bonilla ha elegido al siguiente gabinete, del cual él mismo ha asumido la presidencia: Sr. César Bonilla, ministro de relaciones exteriores; Sr. Ángel Arias, ministro del interior; Sr. Miguel Dávila, ministro de finanzas; Gral. Manuel Bonilla, ministro de guerra.

Ha sido emitido un decreto por el presidente Zelaya, de Nicaragua, reconociendo al Gral. Bonilla. Este recita las quejas de Nicaragua contra el Gral. Vásquez, presidente de Honduras, y proclama una alianza formal con el Gral. Bonilla en la guerra contra el Gral. Vásquez". — *Reuter.*

(Lo anterior apareció en nuestra segunda edición de ayer).
Fuente: The London Times

1894-enero-06

OTERI RECUPERA EL *SPIZZATI*
Decisión en cuanto a un barco a vapor que fue a Honduras para pelear contra los rebeldes.

Nueva Orleans, Luisiana, 5 de enero.

La corte de distrito de los Estados Unidos en Nueva Orleans, por primera vez desde los días inmediatamente siguientes a la guerra de la rebelión, tuvo que resolverse hoy en un tribunal de presas marítimas y decidir sobre un caso relacionado con la pérdida de un buque. El demandante era Estados Unidos, y el acusado el barco a vapor estadounidense *Spizzati*, un gran y valioso barco a vapor comerciante de frutas entre esta ciudad y la Honduras hispana.

El barco fue difamado el verano pasado. El cargo es que había sido armado y equipado y había servido en la batalla en contra de un gobierno con el cual Estados Unidos estaba en paz. La alegación específica es que, al momento de la revolución de Nuila, en la Honduras hispana en 1892, el *Spizzati* fue utilizado por el gobierno regular para bombardear pueblos en posesión de los rebeldes. El *Spizzati*, al regresar a los Estados Unidos, fue capturado por el Departamento de Justicia en Washington, y el fiscal de distrito, en este punto, fue instruido para entablar una demanda en contra de este para su condena. La petición del gobierno sostuvo que había habido una violación de las leyes de neutralidad y que la penalización, por lo tanto, era la incautación de la embarcación.

El abogado del Sr. Oteri, el propietario del buque, presentó excepciones en el caso, admitiendo que el *Spizzati* había sido equipado aquí, pero manteniendo que sería usado como buque de guerra por el gobierno constituido de ese país que, en ese momento, estaba en términos amistosos con los Estados Unidos. En estas condiciones, se mantenía que las leyes de neutralidad no estaban siendo violadas.

Un caso similar es presentado en la reciente preparación de *El Cid, Britannia, Destroyer* y otras embarcaciones que formalmente llevaban la bandera de Estados Unidos y fueron convertidos en buques de guerra en puertos estadounidenses, suministrados con provisiones y armas, y enviados a Brasil para pelear a nombre del Gobierno de Brasil. El juez Boarman emitió una decisión esta mañana en el caso del *Spizzati*, manteniendo la excepción y ordenando que la demanda sea retirada y prácticamente restaurando al Sr. Oteri la posesión de su barco. El tribunal sostuvo que, como se admitió en la petición del gobierno, el *Spizzati* fue un barco equipado en los Estados Unidos con el propósito de hacer la guerra en interés del Gobierno de Honduras en contra de la gente de Honduras que estaba en revuelta en contra del gobierno.

Sin embargo, el tribunal tenía la opinión de que la sección 5,383 de los estatutos revisados referentes a las leyes de neutralidad bajo las cuales el abogado de los Estados Unidos exigía la incautación del barco, no tenía la intención de prohibir el equipamiento de un barco en aguas estadounidenses, siempre que dicho barco tuviera las intenciones de pelear para un gobierno regularmente constituido reconocido por los Estados Unidos.

Fuente: The New York Times

SE ACERCA EL FINAL EN HONDURAS

Cablegrama especial para el The Inquirer.

San Salvador, 5 de enero.

Se informa que Amapala ha sido abandonada por la guarnición adherente al presidente Vásquez, de Honduras. Es probable que se pelee una batalla decisiva dentro de veinte millas de Tegucigalpa, capital de Honduras.

Fuente: Philadelphia Inquirer

1894-enero-07

AVANZANDO EL UNO SOBRE EL OTRO

Cablegrama especial al The Inquirer.

Salvador, 6 de enero.

El ejército de Nicaragua y las fuerzas del presidente Vásquez, de Honduras, están a cuatro millas de distancia, y la vanguardia ha comenzado a escaramuzar. Por órdenes de Vásquez las líneas de telégrafo hacia Tegucigalpa han sido cortadas.

El mensaje de arriba fue traído por un mensajero de la frontera.

Fuente: Philadelphia Inquirer

1894-enero-07

VÁSQUEZ DECLARA LA VICTORIA
El presidente de Honduras dice haber dispersado a los rebeldes.

Cablegrama especial de The Inquirer.

Tegucigalpa, 13 de enero.

El presidente Vásquez estuvo hoy en la ciudad. Dijo que ha obligado a los rebeldes y a sus aliados nicaragüenses a retirarse con muchas pérdidas, incluyendo dos cañones.

Ha enviado una fuerza para socorrer a la ciudad de Amapala, la cual, dijo él, a pesar de informes contrarios, no se había rendido.
Fuente: Philadelphia Inquirer

1894-enero-17

INCLUSO LOS INDIOS HAN TOMADO LAS ARMAS

Los rebeldes en Centroamérica probablemente tengan éxito.

La contienda es meramente personal entre Vásquez y Bonilla, pero se han perdido muchas vidas – La ley marcial prevalece, las plantaciones son abandonadas y el negocio está completamente estancado y suspendido – Marcha hacia Trujillo.

Nueva Orleans, 16 de enero.

El barco a vapor *Stillwater* llegó anoche de Trujillo, Honduras. J. Lee, de Londres, quien vino en él, al discutir el estado bélico de las cosas en Centroamérica, dijo que todo apuntaba ahora al éxito de los rebeldes, pero que era difícil decir cuál sería el resultado.

Toda la situación se basa en ambición personal, y la contienda es meramente una entre Vásquez contra Bonilla. Pero es una contienda, sin embargo, y muchas vidas ya se han perdido en la pelea.

La situación es ahora desfavorable para los hondureños porque los rebeldes y sus aliados tienen mucha más fuerza. Después, otra cosa que se debe tener en cuenta, es la posibilidad de deserción en un lado u otro. El gobierno hondureño está presionando a todos los ciudadanos de ese país al servicio, incluso en contra de su voluntad, y no es adverso al reclutar a nadie. Incluso los indios están armados y obligados a marchar en las filas con los soldados.

Trujillo está bajo ley marcial, y el negocio está totalmente suspendido. Cuando el Sr. Lee se fue de allí había rumores de que los rebeldes estaban planeando un ataque sobre la ciudad y se estaban preparando para marchar en su contra con una gran y bien armada fuerza. Muchas de las personas estaban nerviosas, creyendo que Bonilla tenía tal fuerza que seguramente capturaría la ciudad.

Hay muchos simpatizantes de la revolución entre la gente de Trujillo, y recibirán ayuda en ese lugar. Al enlistar los servicios de los nicaragüenses, Bonilla lastimó su causa, ya que muchos hondureños, aunque inclinados a estar con Bonilla, no querían a los nicaragüenses.

Las plantaciones están abandonadas, y los cultivos de café serán dañados seriamente ya que cientos de trabajadores se han enlistado en un lado o el otro.

Trujillo es un punto importante para Vásquez, y si las fuerzas rebeldes lo capturaran, estarían casi seguros del éxito de su causa. Bonilla ahora no está lejos de la ciudad, y, cuando el Sr. Lee se fue, se escucharon amenazas de que pronto se abalanzaría sobre la ciudad.

"Bonilla tiene un rencor personal contra Vásquez", dijo el Sr. Lee, "porque el último lo venció por la presidencia y después lo derrotó cuando él fomentó una revolución e intentó forzarse a sí mismo en la sede del gobierno. Todo es un asunto de ambición personal, pero la gente parece no enterarse de ello.

"Nicaragua y Honduras no están de acuerdo acerca de los asuntos en general, y los nicaragüenses están felices de que se les presente la oportunidad de pelear con sus viejos enemigos con la perspectiva de ganar. Bonilla es un líder perspicaz y está lleno de energía y valentía.

"Si bien los nicaragüenses pueden no tener una gran amistad con el líder de las fuerzas rebeldes, respaldan a Bonilla porque tiene seguidores en Honduras y les puede asegurar, por el éxito de sus armas, si el éxito resulta, relaciones más satisfactorias entre los dos gobiernos. Si Bonilla gana, él simplemente tomará el lugar de Vásquez como presidente y quizás se proclame a sí mismo dictador, pues la república siempre ha sido débil e incapaz de hacer frente a una revolución satisfactoriamente.

"Es difícil obtener detalles del movimiento de las tropas en el interior donde la pelea se está llevando a cabo. Circulan rumores de todo tipo, y algunos de la naturaleza más salvaje. Yo no sé si ese es el caso, pero me parece que San Salvador, si su gente toma alguna parte en la contienda, lo determinará.

"Los honores ahora están iguales entre los dos líderes, pero si San Salvador toma parte de un lado u otro, no es imposible que tal interferencia decida la lucha. Todo está bajo ley marcial y es bastante bélico. Se requiere un pase para atravesar las líneas, y el negocio está totalmente estancado y suspendido".

Fuente: The New York Times

1894-enero-20

EL LEVANTAMIENTO EN HONDURAS

Nueva York, 19 de enero.

El *Herald* publica el siguiente telegrama desde Managua: "Noticias recibidas aquí declaran que las fuerzas aliadas de los insurgentes nicaragüenses y hondureños han derrotado a las tropas del presidente Vásquez cerca de Choluteca". — *Reuter.*

(Lo anterior apareció en nuestra segunda edición de ayer).

Fuente: The London Times

1894-enero-28

VÁSQUEZ SE DOBLEGA
El presidente de Honduras hace propuestas para su rendición.

Cablegrama especial de The Inquirer.

Managua, Nicaragua, 27 de enero.

El presidente Vásquez, de Honduras, ha hecho propuestas para su rendición, pero sus demandas se han considerado muy excesivas para alguien en su posición. Se cree que se rendirá el día de hoy o mañana o morirá peleando.

El gobierno está enviando tropas para prevenir otros levantamientos en León y Granada.

Fuente: Philadelphia Inquirer

1894-enero-29

CENTROAMÉRICA

Nueva York, 27 de enero.

El corresponsal del *World* en San Salvador, telegrafiando ayer, dice que el Gral. Ortiz, comandando las fuerzas nicaragüenses que están apoyando a los insurgentes de Honduras, ha entrado a los suburbios de Tegucigalpa, y esa parte de la ciudad está en llamas. El corresponsal de ese mismo periódico en Tegucigalpa telegrafió ayer lo siguiente: "El Gral. Ortiz ha hecho cuatro ataques, pero ha sido repelido cada vez".

Un telegrama de Managua para el *World*, con fecha de ayer, dice que 14 conservadores y 60 soldados han sido asesinados durante un disturbio en Granada. — *Reuter*.

(Lo anterior apareció en nuestra segunda edición del sábado).

Fuente: The London Times

1894-enero-31

ELLOS ENVÍAN UN SALUDO AMISTOSO
Vásquez y Bonilla prometen matarse el uno al otro si es posible.

Nueva Orleans, 30 de enero.

Andrés Amaya y Santiago de Vicente, extitulares oficiales en San Salvador, llegaron a esta ciudad anoche desde Honduras a bordo del barco a vapor *Breakwater*.

El 3 de enero escaparon por poco del asesinato a manos de la guardia de un cabo de los soldados del presidente Ezeta mientras estaban en su casa en la ciudad capital. Se dirigieron a Honduras a caballo y llegaron a la costa en Puerto Cortés.

Al hablar de la revolución en Honduras, ellos afirmaron que parecía que Bonilla triunfaría. Unos 500 hombres en Olanchito se han vuelto en contra de Vásquez y están ahora del lado de Bonilla, y la ciudad está ahora bajo las órdenes de Bonilla.

Vásquez, al momento de su salida, estaba en Tegucigalpa con un gran ejército. Bonilla, con una fuerza aun más grande, estaba rodeando la ciudad y se estaba preparando para atacarla.

Bonilla, algunos días atrás, le envió un mensaje a Vásquez diciendo que si él (Bonilla) capturaba la ciudad ejecutaría a Vásquez, y Vásquez envió un mensaje de regreso diciendo que él regresaría el favor si resultaba victorioso.

Vásquez ha colocado a unos 300 hombres en Puerto Cortés, Trujillo y Ceiba para proteger la costa de cualquier invasión.

Ahora se espera que Guatemala intervenga en el asunto. Desde el brote entre Vásquez y Bonilla, Guatemala ha estado proporcionando todo el dinero a los aliados para continuar la guerra contra Honduras.

Vásquez ha estado consciente de esto, y hace una semana envió a John Drummond con una gran fuerza de hombres a Copán, una ciudad en la frontera de Guatemala, para guerrear contra los guatemaltecos si ellos envían una fuerza de hombres para ayudar a Bonilla.

San Salvador no se ha aliado abiertamente con Vásquez, aunque tres de sus líderes militares han sido puestos en el equipo de Vásquez. Ellos son los generales Juan J. Cañas, Carlos Lepedro y Félix Mohrin. San Salvador se quedará al margen hasta el momento en que Guatemala se involucre de lleno en las batallas.

La gente de Honduras parece estar en simpatía con Bonilla desde que surgió la revolución, pero no fueron capaces de expresar su sentir por miedo a ser arrojados a prisión.

La causa de su disgusto por Vásquez se data a dos años atrás, cuando ordenó la ejecución del Gral. Leonardo Nuila, quien era el aliado en jefe de Bonilla. Vásquez, en ese tiempo, era uno de los principales generales en el equipo del presidente Leiva.

El presidente Leiva ha desaparecido desde entonces. Fue a Puerto Cortés a tomar baños de mar por su salud y se reportó que estaba muriendo. Él envió a un mensajero a Vásquez con un mensaje diciéndole que quería que él tomara la presidencia. Algunos dicen que Leiva está muerto, pero esto no se puede verificar. Se cree, por algunos, que ahora está pasando sus días restantes en paz en la Honduras inglesa. Actualmente Vásquez teme un atentado contra su vida.

Desde la revolución los negocios han sufrido bastante. Los soldados de Honduras están obteniendo sus raciones mayormente de San Salvador, mientras que los hombres de Bonilla reciben todo lo que quieren mediante Nicaragua y Guatemala.

En el presente hay una posibilidad de una revolución en Guatemala. Para ayudar a Nicaragua y a Bonilla en su lucha contra Honduras, parece ser que Barrios impuso un pesado impuesto a la gente. A esto se opusieron amargamente, y los enemigos políticos de Barrios empezaron a incitar a una revolución en contra del actual gobierno. Sus esfuerzos serán exitosos, ya que varios pueblos y ciudades han declarado que ellos están listos para tomar las armas en contra del gobierno. Barrios está ocupado preparando los planes en contra de los hombres que dirigen la revolución y está organizando un gran ejército.

Fuente: The New York Times

1894-febrero-06

EL LEVANTAMIENTO EN HONDURAS
Nueva York, 5 de febrero.

Un telegrama de Managua con fecha de ayer recibido por el *Herald*, afirma que el Gral. Vásquez, presidente de Honduras, hizo un esfuerzo desesperado para dejar Tegucigalpa, pero fue conducido de vuelta por los insurgentes que rodearon la ciudad. – *Reuter*.

(Lo anterior apareció en nuestra segunda edición de ayer).

Fuente: The London Times

1894-febrero-12

LUCHAS EN HONDURAS
San Salvador, 11 de febrero.

Infor mes recibidos de Tegucigalpa afirman que el ejército del presidente Vásquez hizo una salida brillante en contra de las fuerzas de asedio ayer, durante la cual más de 100 enemigos fueron asesinados. El presidente Vásquez dirigió a los ejércitos aliados del Gral. Bonilla y el Gral. Gutiérrez de vuelta al sur, y él está ahora dedicado a repeler los repetidos asaltos hechos por el Gral. Ortiz en el norte. Tres piezas de artillería han sido capturadas por el Gral. Bonilla. – *Dalziel*.

Fuente: The London Times

1894-febrero-14

REBELDES VENCIDOS NUEVAMENTE
Los hombres de Bonilla obligados a huir por los seguidores de Villela — Ortiz reclama.

Cablegrama especial al The Inquirer.

Ciudad de Guatemala, 13 de febrero.

Las tropas de Honduras, al mando del Gral. Villela, han vencido de nuevo a las fuerzas rebeldes de Bonilla. Se capturaron una gran cantidad de armas. Después de la batalla, el Gral. Villela marchó hacia Tegucigalpa para relevar a Vásquez.

Managua, Nicaragua, 13 de febrero.

El Gral. Ortiz continúa diciendo que él es capaz de mantener a Vásquez en su actual posición en Tegucigalpa.

Refuerzos para Vásquez.

Cablegrama especial al The Inquirer.

Ciudad del Salvador, 23 de febrero.

El Gral. Ramón Morales ha conseguido hacer una unión con Vásquez. Este ahora tiene 2500 nuevas tropas en Tegucigalpa y en la colina Picacho, y él espera más refuerzos de Gracias. La gente de ese distrito simpatiza con él.

Fuente: Philadelphia Inquirer

ENTRE DOS FUEGOS
El General Varela es atrapado en ambos lados por el enemigo.

Cablegrama especial de The Inquirer.

Managua, Nicaragua, 17 de febrero.

Noticias recibidas desde Honduras dicen que el General Varela intentó atravesar las líneas nicaragüenses, pero fue atacado por el General Gutiérrez y repelido sufriendo grandes pérdidas.

Varela ahora está en retirada total hacia Yuscarán.

Bonilla está avanzando desde Corpus para atacarlo, y sin duda quedará atrapado entre los dos ataques.

Fuente: Philadelphia Inquirer

ESTADOUNIDENSES ASESINADOS EN LA GUERRA ENTRE NICARAGUA Y HONDURAS

Refiriéndose a la guerra, ahora en progreso, entre Nicaragua y Honduras, Rankin relató lo que estaba sucediendo en la batalla, los detalles de la cual él obtuvo en cabo Gracias a Dios. El cabo está en la desembocadura del río Wanks, que forma parte de la frontera entre Nicaragua y Honduras, estando la tierra de la Compañía Comercial de Honduras al norte de este.

Fuente: The New York Times

TEGUCIGALPA, LA CAPITAL DE HONDURAS, SE RINDE ANTE LOS INVASORES.

Esto le pone fin a la guerra y hace probable que Bonilla reemplace a Vásquez como presidente.

Por la Associated Press.

Washington, 24 de febrero. — El señor Guzmán, el ministro de Nicaragua para los Estados Unidos, ha recibido un cablegrama con la siguiente información de parte del Ministro de Relaciones Exteriores de Nicaragua:

"La capital de Honduras (Tegucigalpa) se rindió anoche. Publique este cablegrama. Nuestra victoria pone fin a la guerra en Honduras".

"Así que", dijo el ministro sonriendo, "Nicaragua resultó ser victorioso".

BONILLA PARA PRESIDENTE.

Se cree que los ejércitos de Nicaragua ahora se retirarán del territorio de Honduras después de que el gobierno provisional que Bonilla y sus asociados hondureños establecerán quede firmemente arraigado en el poder y sea capaz de mitigar cualquier revuelta que se presente.

Se considera como prácticamente cierto que el nuevo presidente de Honduras será Bonilla, el líder de la oposición hondureña contra Vásquez, el presidente removido.

Fuente: Philadelphia Inquirer

NICARAGUA Y HONDURAS

París, 25 de febrero.

Un telegrama oficial, recibido por el cónsul nicaragüense aquí, anuncia la terminación de la guerra con las tropas liberales de Nicaragua y Honduras habiendo capturado Tegucigalpa, la capital de Honduras. — *Nuestro propio corresponsal.*

Fuente: The London Times

La captura de Tegucigalpa, la capital de Honduras, por las fuerzas aliadas, probablemente marca el final de otra guerra centroamericana. Aunque quizás este no sea el final, ya que el presidente Vásquez logró escapar de la ciudad para poder revivir el conflicto; pero su causa es, aparentemente, demasiado débil para que esto suceda.

La complicación por la que la guerra surgió puede ser brevemente relatada. Cuando el periodo del presidente Bográn terminó, siendo inelegible para la reelección, los candidatos eran Policarpo Bonilla y Leiva, siendo este último, con el apoyo de la administración saliente, el que obtuvo el éxito. Bonilla después fue acusado de conspiración y obligado a dejar Honduras, pero organizó una expedición hostil en Nicaragua.

Este, al intentar invadir Honduras, fue repelido por el Gral. Vásquez. Pero otro cambio en los asuntos llegó el otoño pasado, con un levantamiento revolucionario dentro de Honduras. El resultado fue que Vásquez se convirtió en presidente. Bonilla logró alistar la ayuda de Nicaragua en su causa, primero procurando el reconocimiento de este último después de invadir Honduras y establecer un gobierno, y después mediante el envío de tropas en su ayuda. Vásquez pronto fue encerrado en su capital por estas fuerzas combinadas, y ahora, después de varias semanas de asedio, la ciudad ha sido tomada.

Fuente: The New York Times

1894-febrero-26

BONILLA AL ALCANCE
El líder de los vencedores llega a Tegucigalpa y establece cuarteles.

Cablegrama especial para el The Inquirer.

Managua, Nicaragua, 25 de febrero.

El Gral. Ortiz, al mando de las tropas que capturaron Tegucigalpa, la capital de Honduras, mandó un telegrama diciendo que Bonilla, el líder revolucionario y probable sucesor del presidente Vásquez, ha llegado a la ciudad y ha establecido cuarteles temporales en el edificio de la ciudad.

Las peleas continúan en las inmediaciones. Las tropas de Vásquez están haciendo una defensa férrea en cada punto favorable.

Fuente: Philadelphia Inquirer

1894-febrero-29

PUEDE HABER MÁS PROBLEMAS EN HONDURAS

Posibilidad de que Vásquez pueda intentar retomar el poder.

Nueva Orleans, Luisiana, 28 de marzo.

Puede haber otra revolución en la Honduras hispana en poco tiempo, o al menos eso es lo que dicen varios hondureños que han llegado a la ciudad de Dallas desde Belice. Parece que la gente está insatisfecha con Bonilla. Alegan que es injusto y oprime con impuestos a la gente.

J. W. Harvey, un estadounidense que había estado en Honduras por varios años relacionado con las empresas ferroviarias, llegó a la ciudad de Dallas. Él fue obligado a dejar Honduras porque dio ayuda al presidente Vásquez y al mayor E. A. Burke. El Sr. Harvey dijo que hace unos 15 días, el presidente Vásquez y el mayor Burke estaban ansiosos por dejar Tegucigalpa por miedo a ser ejecutados.

Su única esperanza era el tren. Cuando era tiempo de partir, el sr. Harvey, que era el conductor, se enteró de que el ingeniero, que estaba a favor de Bonilla, se rehusó a hacer el viaje. Era imposible conseguir otro ingeniero, y el Sr. Harvey, para salvar a los dos hombres de una muerte casi segura, decidió llevar el tren por sí solo a su destino. Llevó a los señores Burke y Vásquez a salvo a San Pedro, desde donde ellos escaparon a San Salvador. El Sr. Harvey tomó un velero y fue a Guatemala, después a Belice, y por último vino a Estados Unidos.

El Sr. Harvey dice que Bonilla ha ordenado la ejecución de un grupo de soldados de Vásquez, y que ya han sido ejecutados una docena o veinte hombres por órdenes de Bonilla. Vásquez, él piensa, regresará en unos meses e intentará recuperar su puesto.

Fuente: The New York Times

1894-marzo-06

LOS REVOLUCIONARIOS DE HONDURAS GANARON
Tratado de paz firmado a bordo del barco estadounidense *Ranger*

Washington, 5 de marzo.

El secretario Herbert recibió el siguiente mensaje del comodoro Longnecker del *Ranger* esta mañana.

La Unión, El Salvador, 4 de marzo.

Amapala, Honduras, 3 de marzo.

Tres comisionados estaban a bordo del *Ranger* esta mañana y acordaron el siguiente tratado de paz: Garantía incondicional de la fuerza de Villela y para todos los no combatientes; legalización para sus actos civiles y militares; reconoce al gobierno actual, y reunirá fuerzas mañana.

Longnecker

Esto se entiende en el Departamento de Marina como muestra de que los conquistadores en la revolución contra Villela han sido indulgentes, y que, bajo esos términos de paz, los asuntos del país probablemente estarán tranquilos por un tiempo. El mensaje se retrasó un día para llegar a la estación de cable en La Unión desde Amapala.

Fuente: The New York Times

VÁZQUEZ VIENE A NUEVA YORK

Cablegrama especial de The Inquirer.

San Salvador, 17 de marzo.

Vázquez, el presidente depuesto de Honduras, le expresó al corresponsal del *The Inquirer* el día de hoy que iría a Nueva York en abril. Dijo que deseaba estudiar la civilización estadounidense y las principales funciones del sistema estadounidense de gobierno.

Fuente: Philadelphia Inquirer

1894-marzo-22

BURKE PUEDE SER ENTREGADO
EL TESORERO ESTAFADOR DE LUISIANA
EN SAN SALVADOR

No es tratado con tal consideración amistosa como lo fue en Honduras – Un compañero de Vásquez en su huida – Reportes de que el presidente Ezeta lo entregará para ser juzgado en Luisiana – Burke dice que no es el único culpable.

Nueva Orleans, 21 de marzo. Hay toda razón para creer que el mayor E. A. Burke, el extesorero estafador de Luisiana, quien ha sido un fugitivo en Honduras por los últimos seis años, pronto será traído de vuelta a Nueva Orleans para dar cuentas por los millones de dólares que malversó del estado por su gigantesco fraude de bonos.

Mientras Burke estaba en Honduras fue un amigo de Vásquez, presidente en ese entonces, y fue activo en ayudarlo a apagar las muchas revoluciones de esa república. Él estuvo especialmente activo en expulsar a Bonilla fuera de Honduras cuando el último fracasó en su primera revuelta, y durante la reciente guerra fue uno de los principales adversarios de Vásquez.

Bonilla estaba consciente de esto, y grupos que han venido de Honduras dicen que Burke acompañó a Vásquez en su escape de Honduras a San Salvador. Dicen que el presidente Ezeta tiene la intención de entregar a Burke a los Estados Unidos.

Por pasajeros en la embarcación que han sido amigos cercanos de Burke, se supo que durante la administración del presidente Vásquez su condición financiera era muy prometedora. Él casi se había recuperado de sus pérdidas en las minas, y estaba, al final, de camino a acumular una fortuna.

Para sus amigos, Burke siempre ha dicho que él regresaría algún día a Luisiana y se arreglaría dólar por dólar con el gobierno del estado. Antes de la guerra entre Bonilla y Vásquez él dijo que pensaba que su tiempo de dejar Honduras estaba muy cerca y pronto estaría en condiciones de afrontar el déficit de los fondos.

Él alegaba que no era el único culpable por el déficit y que, cuando regresara a Luisiana, el problema sería corregido. Su recepción en San Salvador no ha sido tan amigable como en Honduras.

Las autoridades de Luisiana no tienen información al respecto, y dicen que no hay fundamentos para la historia aparte del conocimiento de que el mayor Burke ha tenido un papel activo en la defensa del gobierno, y, como los revolucionarios tuvieron éxito recientemente, se llegó a la conclusión de que el gobierno actual estará bastante dispuesto a castigar a Burke por cualquier servicio que haya prestado al antiguo gobierno entregándolo a las autoridades estatales de Luisiana. No se han hecho esfuerzos recientes para asegurar la extradición de Burke.

Fuente: The New York Times

1894-marzo-24

CONFISCANDO PROPIEDADES
La cruzada de Bonilla en contra de los simpatizantes del ex presidente Vásquez.

Cablegrama especial al The Inquirer.

Tegucigalpa, Honduras, 23 de marzo.

El gobierno está confiscando las propiedades de todas las personas sospechosas de ayudar al expresidente Vásquez. Este curso puede ser impulsado en parte por la angustia financiera bajo la cual trabaja el gobierno.

Los mensajeros llevan mensajes constantemente entre Bonilla y el presidente Zelaya de Nicaragua.

La asistencia a la recepción de Bonilla fue poca y muy pocas de las mejores familias fueron representadas.

Fuente: Philadelphia Inquirer

1894-marzo-30

EE.UU. Y EL INCIDENTE DE BLUEFIELDS

En respuesta a una solicitud del senado de los Estados Unidos, el presidente Cleveland le transmitió a ese grupo el día 19 de este mes el siguiente reporte del Secretario de Estado:

"El estado de guerra que existía entre Nicaragua y Honduras terminó recientemente con el éxito de Nicaragua. Durante la contienda, se informó que las fuerzas de Honduras habían tomado posesión de Cabo Gracias a Dios, un punto en la extremidad noreste de Nicaragua en el mar Caribe y por encima del límite norteño de la Reservación Mosquito, y entonces contemplaron la idea de un ataque sobre Bluefields, el pueblo principal de esa reservación. Como soberano territorial, el gobierno de Nicaragua parece haber enviado tropas a Bluefields para la defensa de ese puerto contra la amenaza de ataque y proclamó ley marcial en el territorio.

Se presentó entonces un conflicto de autoridad entre el agente nicaragüense y las autoridades indias locales, los últimos rechazando el derecho de Nicaragua de ocupar el país o poner su autoridad por encima de la administración local establecida con base en el tratado del 28 de enero de 1860 entre Nicaragua y Gran Bretaña. Por tanto, las autoridades locales le hicieron una solicitud a Gran Bretaña, y el crucero británico *Cleopatra* se presentó en la escena y desembarcó una fuerza de entre 40 o 50 hombres. Subsecuentemente, parece que las tropas nicaragüenses y británicas se retiraron.

Sin perder tiempo se designó al embajador de los Estados Unidos en Londres para averiguar qué acción había tomado el gobierno británico de Su Majestad en vista de esta situación. Un informe recientemente recibido del Sr. Bayard informa sobre una entrevista que tuvo el día de ayer con el Secretario de Estado de Su Majestad para relaciones exteriores, el Lord Kimberley, de quien se supo que el gobierno de Su Majestad no había dado instrucciones en la localidad y estaba en espera de información, y que, al recibirla, se comunicaría por completo y de forma instantánea al gobierno de los Estados Unidos.

Su señoría dijo que por medio de un telegrama del 4 de marzo el cónsul británico en Greytown le había informado al ministro británico en la ciudad de Guatemala que las fuerzas nicaragüenses habían tomado posesión repentina de Bluefields, quitando la bandera de los indios mosquitos y tratando a las autoridades locales y a los habitantes con violencia y severidad. Temiendo que hubiera disturbios o peligros para los habitantes del territorio, un buque de guerra británico se dirigió a Bluefields, con el resultado de volver a instalar la bandera de los indios mosquitos y restaurar la tranquilidad mientras se llega a un acuerdo sobre el asunto en cuestión.

Su señoría reafirmó de la manera más positiva la declaración hecha en repetidas ocasiones por el gobierno de Su Majestad, y particularmente en una nota del Marqués de Salisbury al Sr. Edwards, el encargado de asuntos en Washington, con fecha del 7 de marzo de 1889, que se imprimió en el página 468 del volumen de relaciones exteriores de los Estados Unidos para ese año, afirmó que ningún protectorado sobre los indios mosquitos, en sustancia o forma, ni ninguna otra disposición parecida a un protectorado, es deseada o planeada por el gobierno británico.

En vista de estas declaraciones explícitas, el Sr. Bayard se ve obligado a expresar su creencia de que el arribo de las fuerzas británicas fue simplemente para ampliar la seguridad de los residentes de Bluefields y alrededores y detener los actos de violencia. La pérdida del *Kearsarge*, en su viaje hacia la costa nicaragüense, ha evitado la presencia necesaria de un buque de guerra estadounidense en la escena de los disturbios. Sin embargo, otra embarcación ya sigue sus pasos, y su llegada se espera que sea en cuestión de unos días".

La opinión que se mantiene en el Departamento de Estado, aunque no se ha declarado oficialmente, es que los oficiales británicos no actuaron, lo que no podría interpretarse como algo benéfico para los intereses estadounidenses.

Fuente: The London Times

Honduras ha sido un buen vecino y ha enviado a 2000 soldados a El Salvador para apoyar a la revolución.

Fuente: Philadelphia Inquirer

1894-junio-09

MAQUINARIA MINERA EN HONDURAS

Escribiendo desde Amapala el 9 de febrero, el Sr. J. Rossner da los resultados de sus investigaciones sobre las relaciones comerciales entre Honduras, los Estados Unidos y Gran Bretaña. Él declara que, mientras los productos ingleses se mantienen en la mayoría de los casos, es en la maquinaria y ferretería general en lo que los fabricantes estadounidenses están haciendo los mayores avances. Este en particular es el caso referente a la maquinaria minera, en el que los estadounidenses producen un producto mejor adaptado al trabajo requerido. En cuanto a esto, el Sr. Rossner pregunta: — "¿Es posible que nuestros fabricantes no puedan hacer maquinaria minera que compita por la ventaja con la maquinaria hecha en los Estados Unidos?

No puedo creer que ese sea el caso, pero cuando veo barco tras barco, mes tras mes, descargando montones y montones de maquinaria estadounidense en este puerto, no puedo evitar pensar que hay una deficiencia de negocio en algún lugar por parte de nuestros fabricantes que debería ser investigada y remediada lo más pronto posible. Lo mismo empieza a pasar con las herramientas afiladas.

En años anteriores, los artesanales hondureños estaban satisfechos con casi cualquier tipo de hacha, cierra, cepillo o cincel, siempre que el precio fuera lo suficientemente bajo para complacerlos, pero ahora empiezan a exigir un mejor tipo de herramientas, y buscan calidad sin importar el precio.

Las herramientas afiladas estadounidenses parecen ser prominentes en cuanto a calidad y carácter, pero Alemania está

153

haciendo una oferta por una parte del comercio en esta línea con una terquedad que apuesta a tener éxito, mientras que nuestros fabricantes parecen estar contentos de fabricar lo que les daba buenos resultados en el pasado distante, olvidando que otros con menos facilidades están esforzándose continuamente para mejorar, y seguramente están forjando al frente en líneas de telas hasta hace poco exclusivamente inglesas.

Fuente: The Economist

1894-junio-09

GUATEMALA Y HONDURAS MANDARON AYUDA.
Él dice que Honduras también ayudo a los revolucionarios.
Fuente: The New York Times

1894-junio-18

LAS SABIAS DECISIONES DE BONILLA
El presidente de Honduras seguirá una política de buena voluntad.
Cablegrama especial al The Inquirer.

Tegucigalpa, Honduras, 17 de junio.

El presidente Bonilla ha emitido un decreto declarando nulas e inválidas todas las confiscaciones de propiedades hechas por la autoridad del gobierno cuando Vásquez era presidente. Se les ordena a los poseedores de propiedad confiscada el regresar todo a sus antiguos dueños. Los que hayan pagado por tales propiedades tendrán un reclamo válido en contra de la tesorería pública. Todo el que oculte posesión de propiedad adquirida mediante los actos de confiscación del gobierno de Vásquez será enjuiciado por robo.

Un gran número de antiguos oficiales de Vásquez han regresado, y aunque no han sido perdonados, no serán molestados.

El presidente Bonilla anuncia que seguirá una política de buena voluntad hacia todas las personas de disposición pacífica, quienes no sufrirán daños en su persona o propiedad. Esto ha tenido un excelente efecto. Él no les exige a los hondureños que muestren estabilidad, pero respetará la opinión honesta.

Él está siguiendo los lineamientos establecidos por Lincoln y Grant en los Estados Unidos, a quienes ha tomado como modelos para aliviar las heridas de la guerra civil.

Fuente: Philadelphia Inquirer

1894-julio-04

La Compañía de Comercio y Banca del gobierno de Honduras (Limitada) ha adquirido concesiones del gobierno de Honduras y ha hecho arreglos para el envío de la fruta del país, especialmente de plátanos, y también ha organizado sucursales en Nueva York y "varias ciudades importantes en Honduras donde la compañía tiene el privilegio único y exclusivo de llevar el negocio de los banqueros".

El capital es de £250,000, y las suscripciones ahora están invitadas por 50,000 acciones de preferencia acumulativa de £1, de las cuales los titulares tendrán derecho de un 6 por ciento de dividendo preferencial acumulativo, y también a compartir las ganancias excedentes después de que las acciones ordinarias hayan recibido el 6 por ciento.

Fuente: The London Times

1894-julio-23

CENTROAMÉRICA

México, 22 de julio.

De forma local se cree que el presidente Zelaya de Nicaragua se está inclinando hacia el lado del gobierno británico en la disputa que se ha presentado en relación con Nicaragua. Un antiguo miembro del gobierno mexicano hizo una declaración el día de hoy, cuya sustancia es la siguiente:

Inglaterra planea asegurarse más territorio en Centroamérica. Ha arreglado su antigua disputa con este país con respecto a Honduras británica, y ahora busca obtener una porción de Guatemala. La política de Gran Bretaña es establecerse cerca del propuesto canal de Nicaragua, cuyo inmenso valor militar comprende a cabalidad. Ciertamente no estará dispuesta a que Estados Unidos controle el canal y todas las ventajas que representaría para las operaciones navales en el Pacífico, especialmente sobre la costa oeste desde Panamá hasta Valparaíso. — *Dalziel*

Nueva York, 22 de julio.

Un comunicado desde Managua declara que el jefe Clarence, de los indios mosquitos, se jacta de la protección británica.

La asamblea nicaragüense declaró el día de hoy que todo el país atlántico estará bajo ley marcial, y ordenó que la soberanía nicaragüense sobre el territorio mosquito se mantenga por todos los medios posibles. El presidente Zelaya enviará 1,000 hombres a Greytown, quienes operarán por mar, y se enviará otro grupo a Rama. Se dice que el ministro británico ha solicitado que se envíe un buque de guerra inglés hacia Bluefields. Se ha recibido un informe desde León el día de hoy de que la autoridad nicaragüense ha sido reestablecida en Bluefields y de que los jamaiquinos han bajado sus armas, evidentemente actuando bajo las órdenes del cónsul británico. — *Dalziel*

Tegucigalpa, 21 de julio.
El
presidente Bonilla les ha hecho una oferta a los nicaragüenses de enviar 5,000 tropas de Honduras para cooperar en contra de los indios mosquitos. — *Un corresponsal*

Fuente: The London Times

1894-agosto-03

LOS SEGUIDORES DE EZETA AYUDARÁN A LOS INDIOS

Cablegrama especial de The Inquirer.

Puerto Limón, Costa Rica, 2 de agosto.

Nos ha llegado un informe de que la expedición en apoyo de los indios mosquitos, que ahora se prepara en la costa de Honduras, se compone de antiguos soldados seguidores de Ezeta, ahora refugiados en Honduras, y negros de Jamaica, quienes están comandados por algunos de los oficiales más valientes del ejército de Ezeta

Fuente: Philadelphia Inquirer

1894-agosto-12

LA OFERTA DE HONDURAS A NICARAGUA

Colón, 11 de agosto.

El gobierno de Honduras le ha ofrecido 5000 tropas a Nicaragua para poder apoyar a este último país en sus operaciones en contra de los rebeldes en el territorio Mosquito.

Fuente: Philadelphia Inquirer

1894-agosto-16

CENTROAMÉRICA

Managua, 15 de agosto.

Un protocolo ha sido firmado con el objetivo de unir a Guatemala, Nicaragua, El Salvador y Honduras en una República Centroamericana. Solo Costa Rica discrepa. — *Nuestro corresponsal.*

Fuente: The London Times

NACIONES SE UNIRÁN
Se ha firmado un protocolo que une a Guatemala, Nicaragua, San Salvador y Honduras

Londres, 15 de agosto.

El corresponsal de Managua, Nicaragua para el "Times" de Londres manda lo siguiente:

"Se ha firmado un protocolo que une a Guatemala, Nicaragua, San Salvador y Honduras en una sola república que se conocerá como la República Centroamericana. Costa Rica también estuvo representada en la conferencia en la que se discutió la propuesta unión, pero ese gobierno se negó a firmar el protocolo".

Fuente: Philadelphia Inquirer

1894-agosto-23

Libertad de culto en Honduras

Cablegrama especial de The Inquirer

Tegucigalpa, Honduras, 22 de agosto.

Oficialmente se ha negado que se haya propuesto legislación hostil hacia conservadores o al clero. La constitución garantiza la libertad de culto. El informe de vómito negro en Amapala es mentira.

Fuente: Philadelphia Inquirer

1894-septiembre-14

REBELIÓN EN HONDURAS
Síntomas de otro levantamiento. Armas para los descontentos.

Cablegrama especial para el The Inquirer.

San Salvador, 13 de septiembre.

Hay síntomas de otra revolución en Honduras, donde han estado llegando armas de los Estados Unidos en pequeñas embarcaciones durante dos meses.

Ha habido levantamientos en Juigalpa y Choluteca. El Gral. Manuel bonilla ha llevado tropas para restaurar el orden.

Fuente: Philadelphia Inquirer

1894-septiembre-14

VÁSQUEZ PODRÍA REGRESAR
Probablemente para ser candidato presidencial en Honduras.

Cablegrama especial al The Inquirer.

Tegucigalpa, Honduras, 13 de septiembre.

No es poco probable que el gobierno le pida al expresidente Vásquez que regrese y se postule para presidente.

La política del presidente Bonilla está modelada como la del General Grant después de la guerra civil estadounidense. La amnistía se otorga liberalmente y los antiguos oponentes están siendo tratados con generosidad.

Hay un movimiento activo de tropas en varios puntos, lo que ha generado rumores de guerra.

Fuente: Philadelphia Inquirer

1894-noviembre-15

HONDURAS ADOPTA UN ESTÁNDAR DE ORO

Washington, 14 de noviembre.

Se le ha informado al secretario Carlisle que la República de Honduras ha adoptado el dólar de oro de los Estados Unidos como su moneda estándar. La actual moneda de Honduras se desmonetizó el 15 de octubre de 1894, y la moneda desmonetizada será canjeada a razón de $1 por 50 centavos de la nueva moneda.

Fuente: The New York Times

1894-diciembre-17

La moneda actual de Honduras fue desmonetizada el 15 de octubre de 1894, y la moneda desmonetizada ahora se canjeará a una tasa de $1.50 de la nueva moneda.

Fuente: Philadelphia Inquirer

1894-diciembre-19

Washington, 18 de diciembre.

El *U. S. S. Columbia* está ahora en Kingston, Jamaica. El secretario Herbert dijo esta noche que, si los problemas en Honduras son de suficiente gravedad como para exigir dar tal paso, él le ordenará de inmediato mediante un cablegrama el proteger los intereses estadounidenses. El *Montgomery* está en Mobile, desde donde puede ser enviado a Honduras de ser necesario.

Fuente: Philadelphia Inquirer

1894-diciembre-22

GRAN EXHIBICIÓN DE ATLANTA
Honduras será representada – Europa será invitada para hacer demostraciones.

Atlanta, Georgia, 21 de diciembre.

Honduras será representada en la Exposición Internacional de los Estados de Algodón. El presidente Bonilla ha aceptado oficialmente la invitación para hacer una exposición de los recursos naturales. El presidente L ee, de la Asociación Protectora de los Estados Unidos, llamó esta mañana al presidente Collier para organizar el "día del baterista" en la exposición.

Fuente: The New York Times

LEVANTAMIENTOS EN HONDURAS
Se reportan cuatro levantamientos y se habla de una revolución general.

Cablegrama especial para el *The Inquirer.*

Tegucigalpa, Honduras, 11 de enero. — Se reportan levantamientos en Comayagua y Corpus debido a los tiempos difíciles. Se habla mucho en secreto de otra revolución de Vásquez, pero no se ha hecho nada definitivo.

Bonilla es impopular debido a sus préstamos forzados.

Fuente: Philadelphia Inquirer

1895-enero-24

NUEVO CÓNSUL EN ROATÁN, HONDURAS

Washington, 23 de enero.

El presidente envió el día de hoy al senado la nominación de Eugene J. Garnigan, de Carolina del Sur, para ser cónsul de los Estados Unidos en Roatán, Honduras.

Fuente: Philadelphia Inquirer

1895-febrero-24

PARA UNA GRAN REBELIÓN
Un complot para empezar dificultades en Honduras, El Salvador y Nicaragua.

Cablegrama especial al *The Inquirer.*

Tegucigalpa, Honduras, 23 de febrero.

El gobierno está en posesión de documentos que implican a Marco Aurelio Soto en un complot revolucionario, que es parte de un plan para reemplazar a Carlos Ezeta en el poder en El Salvador, y al General Ortez en Nicaragua.

Una revolución simultánea en estos tres países prevendría que los gobiernos actuales se ayudaran el uno al otro.

Fuente: Philadelphia Inquirer

1895-marzo-26

HONDURAS RESOLVERÁ LA CUESTIÓN
Se tomará acción inmediata en el caso Renton.

Washington, 25 de marzo.

El departamento de estado a recibido un cablegrama del Gral. P. M. B. Young, ministro de los estados unidos para Honduras, anunciando que el gobierno de Honduras ha prometido resolver rápidamente el caso Renton.

Este es el asunto que el capitán Davis, del barco estadounidense *Montgomery*, investigó recientemente, y se asume que el mensaje significa que Honduras pagará a la Sra. Renton una indemnización por el asesinato de su esposo y la pérdida de propiedad.

Fuente: Philadelphia Inquirer

1895-abril-03

UNA NUEVA MÁQUINA PARA HACER PUROS

Una nueva máquina para hacer puros acaba de ser traída a este país por medio de la Compañía Comercial y de Banca del gobierno de Honduras. Se ha intentado, claro está, de sustituir la labor manual por maquinaria en la fabricación de puros, y se han establecido varios arreglos para llevar a cabo partes diferentes de la operación. Pero se ha dicho que no se ha diseñado ninguna máquina hasta este momento que pueda moldear de forma satisfactoria los rellenos para la forma requerida, que los coloque en la envoltura exterior y que haga y cierre los extremos. Se dice que la máquina Jean Reuse puede hacer todas estas cosas.

La parte interior del puro se coloca en un molde (que puede ser de cualquier forma deseada) que consiste en cuatro mandíbulas curvas que envuelven el tabaco y, mediante un movimiento semi rotatorio, le dan forma. Después coloca la envoltura exterior que es proporcionada por un trabajador. La punta del puro se cierra con una gota de goma que arroja la máquina en el momento y lugar debido. Se dice que de esta forma los puros no solo están tan bien hechos como lo estarían hechos a mano, sino que también es más rápido y por tanto más barato.

Son uniformes en longitud y forma y, gracias a la regularidad con la que la máquina coloca el relleno, la dosis es perfecta; un punto en el que bastantes puros son insatisfactorios.

Fuente: The London Times

1895-abril-22

CIENTÍFICOS REGRESAN DE HONDURAS
El Prof. Hili y su grupo han recolectado información valiosa.

El barco a vapor *Regulus*, de la línea centroamericana, llegó a Brooklyn ayer por la tarde. Entre sus pasajeros estaban el Prof. Hili y su grupo, quienes estaban en su viaje de regreso de una expedición científica a Centroamérica. El grupo estaba formado por Charles E. Hili, de la Universidad de Pensilvania; Alfred C. Harrison Jr., sobrino del preboste de la universidad; Henry C. Walsh y el Dr. J. Donald McDonald.

La expedición empezó en Nueva York el pasado 22 de enero. El grupo pasó la mayor parte del tiempo en la Honduras hispana, atravesando sus empinadas montañas y examinando las características geológicas y arqueológicas. Ellos dicen que Honduras es rica en metales preciosos que hasta ahora han sido poco conocidos por el público en general, y, como es bien sabido, es muy rica en restos de interés arqueológico. El grupo pasó diez días en las famosas ruinas de Copán, que están siendo excavadas por una expedición enviada por el Museo Peabody de Cambridge.

El presidente Bonilla, de Honduras, fue muy cortés en sus atenciones a esta expedición de Estados Unidos y facilitó su trabajo por todos los medios a su poder. El Sr. Walsh hizo copias abundantes de las condiciones del país en sus varios aspectos, que se publicarán a su debido tiempo.

Fuente: The New York Times

1895-abril-30

GRAN BRETAÑA Y HONDURAS
Propuesta de recaudación de ingresos hasta que se paguen los intereses.

Londres, 20 de abril.

Representantes de Guatemala, que también actúan para Honduras, han sido informados por las autoridades de este último país que Gran Bretaña se está preparando para tomar medidas agresivas para la recaudación del interés de los bonos hondureños negociados en Inglaterra, sobre los que esa república incumplió hace casi veinte años.

El interés y principal en mora, se dice, ascenderá a unos £20,000 y £30,000 por año, y la propuesta es de recolectar los ingresos de los puertos hondureños hasta que se pague al menos una parte de los intereses vencidos.

Fuente: The New York Times

1895-mayo-02

HONDURAS OFRECE TROPAS
Apoyará a Nicaragua en caso de que se requiera usar la fuerza.

Managua, Nicaragua, 1 de mayo.

El gobierno de Honduras le ha asegurado a Nicaragua que sus tropas estarán a la disposición de Nicaragua en caso de ser necesario.

Esta es la única oferta de tropas que se ha hecho de parte de los gobiernos centroamericanos, aunque las otras repúblicas han demostrado su interés y cooperación de otras maneras.

Fuente: Philadelphia Inquirer

1895-mayo-08

PARA PROBAR LA LEY ANTI-LOTERÍA DE HOAR
Un agente de la Compañía de Honduras arrestado en Nueva Orleans.

Nueva Orleans, Luisiana, 07 de mayo.

Los primeros pasos en el caso que probará la nueva ley de Hoar, aprobada por el último congreso para prevenir la importación de billetes de lotería a este país y su disposición en suelo estadounidense a través de compañías exprés u otros medios de transporte, empezaron hoy, cuando el agente de la lotería, William P. Parkhurst, fue arrestado en una acusación del Gran Jurado Federal.

Parkhurst es acusado de haber importado un billete de la Compañía de Lotería de Honduras, sucesora de la lotería de Luisiana, y de haberlo llevado en un tren de ferrocarril de Louisville y Nashville entre los estados de Florida y Georgia a Nueva Orleans con el fin de deshacerse de este.

El abogado de Parkhurst presentó una objeción, a la cual se unió el fiscal de distrito Earhart. Es probable que la objeción sea anulada y que el acusado se negará a pagar la fianza. A partir de ese momento, será enviado a prisión y se presentará una solicitud de hábeas corpus, como se hizo en el caso de los Estados Unidos contra Dupre.

Se cree que el juez Thomas J. Semmes de Luisiana, James C. Carter de Nueva York y otros abogados prominentes fueron mantenidos para comparecer en el caso ante la Suprema Corte de los Estados Unidos.

Fuente: The New York Times

LIGA CENTROAMERICANA
Quizá se unan Nicaragua, Honduras, El Salvador y probablemente Guatemala.

Managua, Nicaragua, vía Galveston, 15 de junio.

El presidente Zelaya está hoy en ruta a Amapala para conferir con los presidentes de las repúblicas de Honduras, El Salvador y probablemente Guatemala. Estos funcionarios están tratando de formar una liga defensiva centroamericana con el propósito de prevenir revoluciones políticas.

La política general extranjera de los estados centroamericanos será discutida, también la actitud aislada actual en Costa Rica y las posiciones amenazantes que ha asumido hacia otros estados centroamericanos. El Gral. Valladares Terán es presidente interino de Nicaragua.

Se están haciendo grandes exportaciones de maíz y queso desde el oeste de nicaragua hacia El Salvador y Guatemala.

Fuente: Philadelphia Inquirer

EL SUPUESTO DESFALCO DE BOGRÁN.

Cablegrama especial al *The Inquirer*.

Tegucigalpa, Honduras, 21 de junio.

El supuesto desfalco del expresidente Bográn se reporta en más de $500,000. Siguen los procedimientos legales en su contra. Los amigos de Bográn niegan cualquier peculado y dicen que hay errores de dedo poco importantes en sus cuentas, pero nada más.

Fuente: Philadelphia Inquirer

UNIÓN CENTROAMERICANA
El presidente Barrios de Guatemala probablemente será el ejecutivo.

Cable especial a *The Inquirer.*

Guatemala, 22 de junio.

El ministro de guerra Morales ha regresado de su viaje a Nicaragua, El Salvador y Honduras.

Se reporta que él ha traído una garantía de que las alegaciones de supremacía de Guatemala en la unión centroamericana son concedidas y que el presidente de El Salvador no se opondrá a la elección del presidente Barrios, de Guatemala, o a cualquier persona que este último escoja como presidente de la confederación.

Obstáculos Para La Unión.

Cable especial a *The Inquirer.*

Tegucigalpa, Honduras, 22 de junio. — Se entiende que Costa Rica ha manifestado a través del ministro de guerra guatemalteco y el ministro de finanzas salvadoreño que ella no será un impedimento a la propuesta unión centroamericana.

Algunos obstáculos importantes a tal unión están llegando, entre ellos la asunción de la deuda de cada país por la unión, el mantenimiento de los ejércitos individuales actuales, la extensión de leyes sanitarias dándole a cada país la autoridad para ejercer cuarentena sobre cualquier otro, permitiendo a los estados contraer deudas, y permitiéndole a los oficiales de un ejército mantener su rango en los demás.

También se afirma que no todos los estados están dispuestos a otorgar amnistía a los delincuentes políticos hasta la fecha de la confederación.

Fuente: Philadelphia Inquirer

1895-junio-28

GUATEMALA EN GUARDIA
Teme que la unión propuesta tenga planes en su territorio

Cablegrama especial a *The Inquirer.*

Guatemala, 27 de junio.

La acción de los gobiernos de El Salvador, Honduras y Nicaragua está siendo observada muy de cerca aquí. Se cree que están tratando de organizar una unión independiente de Guatemala, y esperan después forzarla a entrar en ella.

Proponen exigir una nueva división territorial, según se informa, ampliando El Salvador y Honduras a expensas de Guatemala y ampliando Nicaragua desde Costa Rica.

Fuente: Philadelphia Inquirer

1895-julio-01

LA UNIÓN CENTROAMERICANA

Managua, Nicaragua, vía Galveston, 30 de junio.

El presidente Zelaya regresó esta tarde de una conferencia armoniosa entre los presidentes de Nicaragua, Honduras y El Salvador en Amapala con respecto a los planes para la unión centroamericana.

Fuente: Philadelphia Inquirer

LA UNIÓN CENTROAMERICANA
Honduras, Nicaragua y El Salvador favorecen cordialmente el plan
Cablegrama especial a The Inquirer, Copyright, 1895.

Guatemala, 2 de julio.

Informes desde Honduras, Nicaragua y El Salvador indican una aprobación cordial de todo lo conseguido en la conferencia de Amapala.

Se informa que el General Barrios ha dicho que la unión se completará para finales de este año.

Fuente: Philadelphia Inquirer

1895-julio-05

PARA AYUDAR A LA EXREINA
Un bergantín sospechoso resultó ser un filibustero hawaiano

Especial de *The Inquirer*.

Tegucigalpa, Honduras, 4 de julio.

Se pensó que un bergantín sospechoso cruzando por Amapala llevaba a bordo una expedición organizada para apoyar al expresidente Vázquez.

Se hizo una investigación y se descubrió que la embarcación venía de California, obtuvo armas de un buque de vapor en la costa de México, y se dirigió a Amapala para despistar a posibles espías.

Se dirigirá a Hawái, y la embarcación fue fletada para apoyar los intereses de la exreina Liluokalani.

Fuente: Philadelphia Inquirer

1895-julio-13

La reciente conferencia entre los presidentes de El Salvador, Honduras y Nicaragua resultó en una garantía de paz para esas repúblicas mediante un acuerdo que prácticamente prevendrá el que los exiliados fomenten revoluciones.

El presidente Bonilla, de Honduras, prometió perdonar a todos los ofensores políticos este mes y castigar a cada oficial que haya cometido peculado durante la última década.

Fuente: Philadelphia Inquirer

1895-julio-27

Tropas hondureñas pagadas.
Cablegrama especial al The Inquirer, derechos de autor, 1895.

Tegucigalpa, Honduras, 26 de julio.

Se les dio hoy a las tropas su paga por el mes de mayo pasado. Hay mucha conjetura sobre de dónde obtuvo el dinero el gobierno. Hay un rumor de que fue otorgado por firmas estadounidenses, quienes recibieron a cambio importantes concesiones de aduanas.

Fuente: Philadelphia Inquirer

1895-agosto-05

BARRIOS PLANEA UN GRAN GOLPE DE ESTADO
PROPONE UNA FEDERACIÓN DE REPÚBLICAS CENTROAMERICANAS
Una revolución en Honduras es parte del programa – Nicaragua y El Salvador serán coaccionados.

170

Informes privados recibidos de Guatemala esta tarde declaran que el presidente Barrios, de Guatemala, ha formado una alianza secreta con Costa Rica buscando la formación de una unión de todos los estados de Centroamérica, con Guatemala ejerciendo la influencia dominante en la nueva federación.

El primer paso en este programa será la caída de la actual administración de Bonilla en Honduras y el nombramiento de su sucesor en la persona de Marco Soto. Este caballero está a favor de la propuesta, y, si los planes presentados son perfeccionados para que él pueda, mediante un golpe de estado, asumir la presidencia, la asistencia de Honduras puede obtenerse en el plan de la federación de los cinco estados, y Nicaragua y El Salvador, por lo tanto, se dice, serán forzados a unirse con las otras repúblicas como una cuestión de interés propio.

Marco Soto ocupó por muchos años el cargo de presidente de Honduras. Él debió su elevación a la magistratura en jefe a la poderosa ayuda del Gral. Rufino Barrios, quien era entonces dictador de Guatemala, y, fácilmente, tenía la fuerza política y militar más grande de Centroamérica. Cuando Barrios hizo la guerra en El Salvador, Soto se negó a cooperar con él. Barrios, de inmediato, incitó a una revolución en Honduras. Mediante su ayuda, los revolucionarios tuvieron éxito y Soto fue derrocado. Subsecuentemente, Barrios fue asesinado y su plan ambicioso de una unión centroamericana, con él como la figura central, quedó en nada.

La presidencia de Guatemala está ahora ocupada por otro miembro de la familia de Barrios, un sobrino del dictador. Se dice que, sin ninguna cualificación y siguiendo el ejemplo de su tío, usaría su influencia de nuevo para colocar a Soto en la presidencia de Honduras.

Aquellos que están familiarizados con las condiciones actuales de las pequeñas repúblicas latinoamericanas dicen que se puede iniciar fácilmente una nueva revolución en Honduras, compuesta por los elementos insatisfechos, ahora sin poder y con Soto a la cabeza, y que estos, con la ayuda que Guatemala puede brindarles de manera encubierta, pueden derrocar rápidamente la actual administración de

Bonilla. Las tres repúblicas de Guatemala, Honduras y Costa Rica, por lo tanto, dominarían prácticamente la situación.

Se dice que el presidente Barrios, de Guatemala, es el más deseoso de esta nueva alianza, ya que en la actualidad Honduras, Nicaragua y El Salvador están estrechamente aliadas. Este trio de repúblicas, que son contiguas, forman una cuña geográfica, por así decirlo, entre Guatemala en el norte y Costa Rica en el sur. Sin la activa cooperación de alguna de las tres, sería difícil para Guatemala y Costa Rica asumir una actitud ofensiva hacia el resto. La retirada de Honduras de la triple alianza y su cooperación con las otras repúblicas le darían a esta última una preponderancia de poder cuyo valor puede apreciarse fácilmente.

Hasta qué punto el presidente Barrios puede llevar a cabo su programa solo se puede conjeturar, pero en Guatemala se cree que tendrá éxito. Lo que hace que su plan sea más factible es la enemistad hereditaria, o la falta de cortesía, al menos, que existe entre Costa Rica y Nicaragua. Se dice que Costa Rica se deleitaría al ver humillado a su antiguo enemigo, Nicaragua, como lo sería necesariamente si se le obligara forzosamente a unirse a una federación centroamericana cuya influencia controladora sería amigable con Costa Rica. Por otra parte, si Nicaragua declina unirse a la unión, aún estaría en desventaja porque no disfrutaría de ninguno de los beneficios que resultarían de ella. La situación, por lo tanto, está llena de significado, y los líderes políticos de todos los estados centroamericanos esperan con interés los desarrollos futuros, estados que parecen entender con claridad los hechos ya mencionados.

Fuente: The New York Times

1895-septiembre-08

El pacto que se ha celebrado entre las repúblicas de Nicaragua, El Salvador y Honduras significa la formación de una nueva entidad política. Se dice que Costa Rica y Guatemala seguirán el ejemplo de los tres países arriba mencionados y, cuando hayan hecho esto, existirá una unión práctica de todas las repúblicas de Centroamérica. El pacto establece que en caso de que se necesite un mediador para arreglar cualquier disputa entre las repúblicas aliadas, él deberá ser escogido de entre los residentes de los Estados Unidos.

Hay lugar para la esperanza en esta unión proyectada. Muestra que a las repúblicas centroamericanas se les está enseñando sabiduría y están empezando a comprender las ventajas de la unidad. Una federación como esta no lleva consigo ninguna amenaza al mundo, mientras que las pequeñas repúblicas estarán en condiciones de exigir el respeto de las potencias extranjeras. Y eso finalmente resultará en la paz del continente americano.

Fuente: Philadelphia Inquirer

1895-octubre-24

COSTA RICA RECIBE A HONDURAS
Recepción oficial de Iglesias y su gabinete para el Gral. Terencio Sierra, cuya misión es amigable.

Envío especial de cable al *The New York Times*.

San José, Costa Rica, por el Galveston, 3 de octubre.

El presidente Iglesias y su gabinete le han dado una recepción oficial al Gral. Terencio Sierra, enviado especial y ministro plenipotenciario de Honduras.

En la audiencia estaban presentes delegados de las otras repúblicas hermanas y J. B. Calvo, encargado de negocios de Costa Rica en Washington.

La misión del Gral. Terencio Sierra es hacer más fuertes los lazos de amistad que unen a Honduras y Costa Rica.

Fuente: The New York Times

1895-octubre-25

UN COMPLOT CONTRA HONDURAS
El coronel Drummond, un inglés, como parte del plan formado en Guatemala.

San Francisco, 16 de enero.

De acuerdo a las noticias traídas hoy por el barco a vapor *City of Sidney* de Panamá, es probable que pronto haya otro levantamiento en Honduras.

Se dice que el coronel Drummond, un inglés, tiene alguna conexión con el plan para derrocar al actual gobierno. El complot se está formando en Guatemala.

Fuente: The New York Times
1895-noviembre-06

EN BUSCA DE UNA GRAN REPÚBLICA

El tratado de unión que fue firmado en junio pasado entre Nicaragua, Honduras y El Salvador presenta el proyecto para un sistema de unión, pero la firma del tratado no pone sus provisiones en acción. Las tres repúblicas en cuestión deben primero aprobar el documento antes de que se pueda dar el primer paso para trabajar en un plan verdadero de unificación, y posiblemente pasen algunos años antes de que se obtengan esas aprobaciones. Pero, al menos, se ha logrado algo, y es interesante notar la forma en que se propone establecer un gobierno permanente e indisoluble.

Primero, cada gobierno elige un delegado para formar una asamblea, que funcionará por tres años. El propósito principal de este cuerpo es diseñar planes para el gobierno permanentemente unido, pero además podrá tomar acciones limitadas a nombre de las repúblicas individuales en asuntos foráneos y podrá servir como intermediario entre los países mismos, además de tener la responsabilidad de ofrecer un arbitraje como remedio para problemas externos.

Cuando la asamblea haya diseñado un plan para la unión definitiva, se lo notificará a las diferentes naciones y estas nombrarán a una asamblea general para considerar las propuestas. Al mismo tiempo, se les pedirá a Guatemala y Costa Rica que se unan en la consideración del tema, y cuando se haya consumado el acto final de unión, la nacionalidad consolidada se conocerá como la República de Centroamérica.

Puede que el plan siga siendo incierto e incompleto, pero hay esperanza en este debido a su evidencia de un deseo por parte de los que firmaron el tratado de enterrar sus envidias individuales y pasar a ideas más amplias de patriotismo.

Fuente: Philadelphia Inquirer

EXTRADICIÓN DE HONDURAS
Presunto defraudador de Memphis será devuelto sin tratado.

Washington, 4 de noviembre.

Por petición del Secretario de Estado, el gobierno de Honduras ha prometido extraditar a A. K. Ward, el presunto defraudador de Memphis, quien fue capturado recientemente en ese país.

Los Estados Unidos no tienen tratado de extradición con Honduras, y el favor extendido en el caso de Ward enfatiza aún más el sentimiento amistoso de ese gobierno hacia este país, por el hecho de que este gobierno no podría ser recíproco si Honduras piciera la extradición de Estados Unidos de uno de sus criminales.

Será necesario que el estado de Tennessee envíe a un oficial a Honduras por Ward, ya que el gobierno federal no tiene fondos para ser utilizados para estos propósitos en casos de Estado.

Fuente: The New York Times

BONILLA RENUNCIARÁ
El presidente de Honduras primero vendrá a Estados Unidos.
Cablegrama especial al *The Inquirer*, derechos de autor, 1895.

Tegucigalpa, Honduras, 7 de diciembre. — Se rumorea que el presidente Bonilla pedirá un permiso de ausencia, y se dirigirá el próximo mes a los Estados Unidos. Desde allí enviará su renuncia como presidente. El congreso y la prensa manifiestan gran amargura hacia Bonilla.

Fuente: Philadelphia Inquirer

1895-deciembre-21

AL EDITOR DEL THE TIMES

Señor, el estallido de la doctrina Monroe es para un país separado de los Estados Unidos por ocho naciones: México, Guatemala, Honduras, San Salvador, Nicaragua, Costa Rica, Colombia y Honduras británica.

Atentamente,
Thos. Gibson.
1, Eglinton-crescent, Edimburgo, 19 de diciembre.

Fuente: The London Times

1895-deciembre-24

SE RECIBE AL MINISTRO YOUNG
Él ha llegado a Honduras en una misión diplomática.

Tegucigalpa, Honduras, 21 de diciembre, vía Galveston, 23 de diciembre.

El ministro de los Estados Unidos, P. M. B. Young, ha llegado a este lugar con instrucciones de su gobierno de arreglar ciertos asuntos pendientes entre los dos gobiernos.

El gobierno y los ciudadanos estadounidenses del lugar le han dado una recepción distinguida.

Fuente: Philadelphia Inquirer

UN COMPLOT CONTRA HONDURAS
El coronel Drummond, un inglés, como parte del plan formado en Guatemala.

San Francisco, 16 de enero.

De acuerdo a las noticias traídas hoy por el barco a vapor *City of Sidney* de Panamá, es probable que pronto haya otro levantamiento en Honduras.

Se dice que el coronel Drummond, un inglés, tiene alguna conexión con el plan para derrocar al actual gobierno. El complot se está formando en Guatemala.

Fuente: The New York Times

1896-febrero-04

SE UNIRÁN A LA CONVENCIÓN
Los países centroamericanos miran hacia la unificación.

Washington, 3 de febrero.

El ministro Carbo, de Ecuador, ha recibido un mensaje del Secretario de Estado de Ecuador declarando que los gobiernos centroamericanos de Guatemala, Nicaragua, El Salvador, Honduras y Costa Rica han aceptado la invitación para unirse a la convención de repúblicas americanas con el objetivo de que haya una unificación.

Esta es la primera acción afirmativa hacia la convención, que se ha diseñado para llegar a un entendimiento común entre los países de Norte, Sur y Centroamérica sobre la doctrina Monroe.

Fuente: Philadelphia Inquirer

1896-febrero-27

RATIFICACIÓN DEL TRATADO

Tegucigalpa, Honduras, 26 de febrero (vía Galveston).
El congreso de Honduras ha ratificado el tratado de unión que se celebró el pasado junio entre Honduras, El Salvador y Nicaragua.
Fuente: Philadelphia Inquirer

1896-marzo-06

BAJO LEY MARCIAL
Departamentos de Honduras restringidos debido a la rebelión de Nicaragua.
Derechos de autor, 1896, por el *Associated Press.*

Tegucigalpa, Honduras, vía Galveston, Texas, 5 de marzo.

El gobierno ha declarado a los departamentos de Tegucigalpa, Paz, Valle, Choluteca, Paraíso, Olancho y Colón bajo ley marcial.

Se ha dado este paso como resultado de la revolución de los leonistas en contra del gobierno del presidente Zelaya, de Nicaragua, y debido a la posibilidad de pr oblemas aquí.
Fuente: Philadelphia Inquirer

1896-marzo-07

PARA AYUDAR A ZELAYA
Soldados de Honduras para ayudar a suprimir la rebelión de Nicaragua.
Propiedad intelectual del *Associated Press,* 1896.

Tegucigalpa, Honduras, 6 de marzo, vía Galveston.
El Gral. Bonilla, ministro de guerra, ha dejado esta ciudad con una fuerza de tropas para ayudar al ejército del presidente Zelaya, de Nicaragua, a suprimir la insurrección de los leonistas en esa república.

El Gral. Dávila dejó Tegucigalpa hoy con tropas adicionales para ayudar al presidente Zelaya.
Fuente: Philadelphia Inquirer

1896-marzo-13

SE DECLARA LEY MARCIAL
Honduras exaltado por problemas en Nicaragua.
Derechos de autor, 1896, por el *Associated Press.*

Tegucigalpa, Honduras, 12 de marzo, vía Galveston, Texas.

Toda la república de Honduras ha sido puesta bajo la ley marcial debido a la revuelta civil en Nicaragua, en la cual el presidente se ha unido a la causa del gobierno de Zelaya en contra de los rebeldes.

La cercanía de las fuerzas contendientes en Nicaragua a la frontera de Honduras y la disposición del presidente de Guatemala de interponerse para el arreglo de la guerra, son las consideraciones que hicieron aconsejable poner al país bajo la ley marcial.

Fuente: Philadelphia Inquirer

1896-marzo-23

PROBLEMAS DE NICARAGUA EN LOS QUE PARTICIPAN HONDUREÑOS

La revolución en Nicaragua, de acuerdo a la información recibida a través de canales privados ayer, es más seria de lo que los informes de ese país indican. La estricta censura a la prensa, establecida por el presidente Zelaya, hace imposible que noticias de cualquier tipo, con excepción de las que favorezcan al gobierno, se hagan públicas. Sin embargo, en la opinión de aquellos familiarizados a fondo con las condiciones existentes, hay dos hechos muy bien establecidos. Primero, que Zelaya no está suprimiendo la rebelión, y, segundo, que las tropas hondureñas que llegaron a Nicaragua el viernes pasado, como supuestos aliados de Zelaya, son tan propensas a ayudar a los rebeldes como a actuar junto a las tropas del gobierno.

El primero de estos hechos está basado en el conocimiento casi seguro de que los revolucionarios no han perdido terreno; de que están confiados en su victoria, ya que en cada enfrentamiento ellos han sido los agresores; de que tienen el apoyo moral y material de la gran mayoría del partido liberal, que puso a Zelaya en el poder; y de que las fuerzas del gobierno han mantenido, desde el principio, una actitud meramente defensiva.

Las tropas hondureñas están ahora en Nicaragua, en un punto medio entre León y Corinto, en el territorio ocupado por los rebeldes. Su actual actitud es una de estricta neutralidad, pero no se considera improbable que su ayuda pueda ser dada, al final, a Baca, el presidente provisional del gobierno insurgente. Se le da validez a esta creencia por las intimas relaciones que han existido por mucho tiempo entre el Gral. Ortiz, comandante de los insurgentes, y el presidente Bonilla de Honduras, quien, en realidad, debe su elevación actual a los servicios prestados en su nombre por Ortiz hace varios años.

Si Honduras se compromete con la causa de Baca, se cree que este último resultará victorioso, ya que sus tropas están armadas con pistolas modernas y están animados con los más altos sentimientos de patriotismo, por cuanto están peleando por libertad constitucional y para prevenir la alegada dictadura de Zelaya. Sin la ayuda de Honduras, el resultado sería puesto en duda por lo menos por varios meses.

Otro elemento de incertidumbre es la influencia que la comisión salvadoreña de la paz pueda ejercer sobre las facciones contendientes. Se cree probable que sus esfuerzos resultarán en un fracaso. Baca y todos aquellos asociados con él están determinados a derrocar a Zelaya, mientras que Zelaya, por otra parte, está igualmente determinado a suprimir la rebelión. Ningún lado está dispuesto a conceder ninguna ventaja al otro.

En estas circunstancias, una revisión de los eventos que conducen a la situación actual es de interés. Hace muchos años, Zelaya dirigió un movimiento que tenía como propósito derrocar al presidente Zavala, quien fue elegido a través de influencias conservadoras. El movimiento triunfó, y, durante algunos meses, Zelaya sirvió como presidente provisional hasta que se formara una nueva constitución, haciendo al presidente inelegible para la reelección. Luego fue formalmente elegido jefe magistrado por los siguientes cuatro años.

En enero se volvió evidente para los miembros dirigentes del partido liberal que Zelaya se propuso establecerse como dictador. Durante la última parte de febrero, el vicepresidente de la república, Baca, quien también era ministro de finanzas, renunció a su oficina, y, cruzando el lago de León, erigió el estándar de revuelta contra Zelaya. Su ejemplo fue seguido unos días después por Macriz, el ministro de asuntos exteriores, y por el Gral. Alonzo, ministro de guerra.

Un gran número de miembros de la asamblea, que eran liberales en la política, también se identificaron con el nuevo movimiento y establecieron un gobierno en León, que, se dice, es el único gobierno legal ahora en vigor en la república. El jefe militar de la revolución es el Gral. Ortiz, quien fue identificado prominentemente con el derrocamiento de Zavala en 1892, que resultó en la sucesión de Zelaya.

Zavala, quien es visible como uno de los líderes conservadores, ahora ha unido fuerzas con su antiguo enemigo, Zelaya, en el esfuerzo de este último para sofocar la rebelión, y su asociación, por lo tanto, proporciona una nueva prueba de la verdad de que "la política hace a extraños compañeros de cama". Los rebeldes, como se declaró anteriormente, han sido derrotados en varios enfrentamientos, pero esto, se afirma, se debe a sus intentos apresurados de capturar ciudades altamente fortificadas.

Que hayan hecho esto se considera una indicación de su confianza en sí mismos, mientras que el fracaso de las tropas del gobierno de seguir su avance se considera una prueba de su incapacidad de actuar de otra manera que no sea a la defensiva.

Los observadores astutos de los eventos políticos en Centroamérica creen que, antes de que los problemas actuales terminen, las cinco repúblicas pueden verse envueltas, a menos que se llegue a una solución pacífica en unas pocas semanas.

Fuente: The New York Times

1896-marzo-31

EL BERMUDA EN HONDURAS
El famoso supuesto filibustero llega a Puerto Cortés.
Los Rebeldes Tienen Pérdidas Fuertes
Derrotados en una serie de enfrentamientos según comunicados de La Habana — Otras noticias de los problemas de Cuba. Copyright, 1896, por la Associated Press.

Puerto Cortés, Honduras, 30 de marzo, vía Galveston, Texas.

El buque británico Bermuda, desde Nueva York, que, se dice, dejó armas y municiones y una expedición filibustera en la costa de Cuba, llegó aquí el día de ayer.

Nueva York, 30 de marzo.

El comunicado de arriba desde Puerto Cortés confirma las noticias exclusivas del *Associated Press* del sábado, anunciando que el *Bermuda* había llegado a puerto en Honduras, resolviendo así los muchos reportes contradictorios acerca del paradero del buque cuya misión se ha considerado de gran importancia para la causa de los insurgentes en Cuba.

Fuente: Philadelphia Inquirer

1896-abril-02

EL FILIBUSTERO BERMUDA FALLÓ
El barco a vapor con su contrabando de guerra fue capturado por Honduras.

Washington, 01 de abril.

El ministro español ha recibido un cablegrama anunciando la captura en San José, Costa Rica, por las autoridades de Honduras, del barco a vapor *Bermuda* con todo su contrabando de guerra.

Fuente: The New York Times

EL PLAN HONDUREÑO PARA CLARENCE
El jefe destituido será reintegrado contra Nicaragua.

Kingston, Jamaica, 7 de abril.

El Gobierno de Honduras de Bonilla, en pura desesperación de afectar cualquier alianza permanente con Nicaragua, está iniciando un plan que busca la liberación del territorio Mosquito del control nicaragüense y la restauración del jefe Clarence, quien fue depuesto unos dos años atrás, bajo un protectorado hondureño. La idea es privar a Nicaragua del acceso gratuito al Atlántico que la posesión de Mosquito le otorga, y así confinarla a la salida de San Juan, que será monopolizada por el canal si ese proyecto se lleva a cabo. El efecto sería, prácticamente, hacer a Nicaragua esencialmente un estado del Pacífico, como El Salvador, Ecuador, Perú y Chile.

El jefe Clarence, que aún está aquí en una ansiosa inactividad, "no sabe nada del proyecto". Por supuesto, esto puede ser así. Sin inferir ninguna duda sobre su honestidad de propósito y fe en la justicia final de la compensación que Gran Bretaña le debe, y, sin duda, pagará, aún se debe recordar que incluso si él supiera o sabe algo sobre los planes de Honduras para su propio beneficio inmediato y su beneficio incidental, no es probable que lo diga. Cualquier esperanza de información por esa fuente debe ser abandonada.

Mientras tanto, asumiendo que hay algo de verdad en el rumor, es un asunto interesante para la especulación sobre si el gobierno británico permitirá que Clarence resuma su jefatura. Eso la podría llevar a un choque con Nicaragua. Por otra parte, ¿es Clarence virtualmente un prisionero en esta situación e incapaz de arriesgarse si Honduras lo invita a hacerlo? Estas cuestiones están siendo discutidas casualmente entre la pequeña sección de personas que tienen interés en las políticas de Centroamérica.

Los amigos del genial y brillante jefe indio, o "Príncipe", no quisieran nada más que verlo restaurado al trono de sus ancestros medio salvajes, y no son pocos los que estarían dispuestos a seguirlo a Honduras y tomar las armas a su favor.

Fuente: The New York Times

1896-mayo-17

EL CONGRESO DE HONDURAS
Se han aprobado acciones de interés en la sesión anual.

Washington, 16 de mayo.

La sesión anual del congreso de Honduras concluyó el 9 de abril, y entre las acciones de interés que se aprobaron, según lo informó el cónsul Little en Tegucigalpa al departamento de estado de los Estados Unidos, fueron los siguientes:

Primero — Se otorgó una concesión a capitalistas neoyorquinos para la construcción de un ferrocarril interoceánico desde Puerto Cortés a Amaju. Antes de llevar a cabo la concesión, la compañía debe consolidar la deuda externa y hacer arreglos con los tenedores de la antigua concesión para la misma vía.

Segundo — Confirmación del tratado de unión celebrado el año pasado entre Honduras, Nicaragua y El Salvador.

Tercero — Confirmación del tratado de amistad entre Honduras y Costa Rica.

Cuarto — Ratificaciones del convenio para la creación de una comisión para arreglar la frontera entre Honduras y Guatemala.

Fuente: Philadelphia Inquirer

1896-agosto-05

País	Unidad monetaria	Valor nominal del oro	Valor real del oro o poder de compra
Honduras	Peso	.935	.497

Fuente: Philadelphia Inquirer

1896-septiembre-17

País	Estándar monetario	No. de inmigrantes
Honduras	Plata	2

Fuente: Philadelphia Inquirer

1896-octubre-18

UNA NUEVA REPÚBLICA
Nicaragua, Honduras y El salvador forman una unión. El tratado establece una asamblea central — El control del canal nicaragüense.

Washington, 17 de octubre.

Una copia del tratado de unión entre Nicaragua, Honduras y El Salvador, mediante el cual se convierten en la República Mayor de Centroamérica, ha sido recibido aquí. Establece una asamblea como el cuerpo legislativo, y le da el control de los asuntos diplomáticos y el nombramiento de funcionarios diplomáticos y consulares.

La asamblea está ahora en sesión en San Salvador, y se espera que nombre a un ministro para los Estados Unidos y tome la iniciativa hacia un nuevo tratado de relaciones con este país. La nueva república tiene importancia adicional por su control sobre la ruta del canal nicaragüense.

Fuente: Philadelphia Inquirer

UNA CONFEDERACIÓN CENTROAMERICANA

Tres de las repúblicas centroamericanas —Honduras, El Salvador y Nicaragua— han formado una confederación que se conocerá como la República Mayor de Centroamérica, y es probable que Costa Rica también se una a la confederación, pero Guatemala sigue dudando debido a que es un país mucho más grande que cualquiera de los otros.

Mientras cada uno de los países seguirá siendo independiente en lo que se refiere a asuntos domésticos, actuarán juntos como una nación en asuntos foráneos, y han enviado a un embajador a los Estados Unidos. Esto simplificará mucho los asuntos en todos los países con los que tienen relaciones, ya que el tener que tratar con cinco países que tienen pocos recursos y poblaciones ha causado problemas innecesarios.

Los países mismos también sentirán el beneficio del cambio, y si pueden dedicarse a la tarea de asegurar un mejor gobierno y abandonar los conflictos sin sentido, mucho se habrá ganado para la civilización.

Fuente: Philadelphia Inquirer

1896-diciembre-24

UNIÓN CENTROAMERICANA
EL PRESIDENTE RECONOCE LA REPÚBLICA MAYOR

Discursos en la recepción del enviado de El Salvador, Nicaragua y Honduras en la capital nacional.

Washington, 23 de diciembre.

El presidente Cleveland dio un discurso esta tarde que, en vista de la crisis sobre los asuntos cubanos, se considera por algunas personas como significativo. El presidente recibió en la sala este de la mansión ejecutiva al enviado de la asamblea de la nueva República Mayor de Centroamérica, compuesta por El Salvador, Nicaragua y Honduras.

En su discurso, el presidente Cleveland reconoció formalmente al nuevo gobierno.

Los visitantes centroamericanos incluyen al enviado J. D. Rodríguez, su secretario de legación, Luis F. Correa, y su agregado, J. D. Rodríguez Jr. El secretario Olney hizo las introducciones. Los visitantes usaban trajes completos de noche. El ministro Rodríguez estuvo por un tiempo en Washington, hace diez años, como agente por Nicaragua en una disputa de límites con Costa Rica en la que el presidente arbitró como mediador.

PRESENTA SUS CREDENCIALES

Al presentar sus credenciales, el ministro dijo:

"Sr. Presidente: La República Mayor de Centroamérica me ha honrado al nombrarme su enviado extraordinario y ministro plenipotenciario al gobierno de su excelencia.

Al conferirme ese honor, la asamblea, que constituye el vínculo de unión entre las tres repúblicas que organizaron esa nueva entidad, me ha dado instrucciones especiales para asegurarle a su excelencia, lo que es gratificante para mí hacer, que la República Mayor de Centroamérica tiene los mismos sentimientos de cordial y sincera amistad hacia el gobierno estadounidense y su gente, como siempre lo han tenido la gente y el gobierno que forman la misma, y que alberga sinceros deseos de que el progreso energético y el poder de esta gran nación nunca sean interrumpidos o dañados, y, también, que su excelencia disfrute personalmente de felicidad.

Es altamente satisfactorio para mí poner en las manos de su excelencia las cartas que acreditan mi representación en el puesto ya mencionado.

Nuestra firme convicción de que los sentimientos que he expresado encuentren, de parte de su excelencia y de la nación estadounidense, la más completa reciprocidad, nos ha inducido a solicitar la eficiente intervención de su excelencia con el fin de traer a buen término una de las cuestiones que más interesan a la confederación en razón de la influencia que puede ejercer sobre el desarrollo pacífico de sus grandes elementos de riqueza y prosperidad.

Confío, Sr. presidente, que en este y otros asuntos sobre los cuales tendré que tratar con el gobierno de su excelencia, ganaré su benevolente recepción, y que los resultados que pueda obtener merecerán la aprobación de quienes me han designado".

Respuesta Del Presidente Cleveland

El presidente, en respuesta, dijo lo siguiente:

"Sr. ministro: Tengo el placer de reconocer, en nombre de los Estados Unidos de América, a la República Mayor de Centroamérica, constituida en conformidad con las estipulaciones del tratado de Amapala del 20 de junio de 1895 entre las repúblicas de Honduras, Nicaragua y El Salvador, y de entrar en relaciones diplomáticas con ella.

Se otorga tal reconocimiento y se establecen tales relaciones en el claro entendimiento de que la responsabilidad de cada una de estas repúblicas hacia los Estados Unidos de América no se vea afectada en absoluto.

Percibo, en los artículos de asociación de los que la asamblea deriva sus poderes, un paso hacia una unión más estrecha de los estados centroamericanos en interés de su defensa común y bienestar general, y lo acojo como el precursor de otros pasos a seguir en la misma dirección y que, según se espera, puede eventualmente resultar en la consolidación de todos los estados de Centroamérica como una sola nación para todos los propósitos de sus relaciones exteriores y comerciales.

A usted, individualmente, extiendo un cordial saludo, personal y oficial, y espero que su residencia renovada en la capital de este país, donde anteriormente tuvo una importante misión representativa, sea tan agradable en sus relaciones personales como creo que será útil y benéfica para los países que representa, entre los que siempre han existido, y se espera que sigan existiendo, lazos de amistad con los Estados Unidos".

FORTALECIENDO LA UNIÓN

La esperanza expresada del presidente de que la nueva república pronto incluya a Costa Rica y Guatemala, los dos países del istmo más ricos y progresivos, se espera que tenga un peso considerable en agilizar su adhesión al nuevo arreglo. Los gobiernos de estos dos países están favorablemente dispuestos a la unión, pero sus constituciones les impiden unirse sin la aprobación completa de sus legisladores, la cual probablemente se consiga en unos meses.

La asamblea de la nueva República Mayor, que se reunió en Amapala, El Salvador, el junio pasado, y permanecerá allí un año, será transferida a la capital de uno de los otros países el próximo junio, y a su vez, a la capital de cada uno de los demás por un año. La asamblea tiene control exclusivo de las relaciones exteriores de sus participantes y de las cuestiones que surjan entre ellos. Su constitución prevé la eliminación de la palabra "Mayor" de su título cuando se unan Guatemala y Costa Rica.

Fuente: The New York Times

1896-diciembre-24

EL TÍO SAM LE DA LA BIENVENIDA A UNA REPÚBLICA HERMANA
El presidente Cleveland reconoce la nueva unión centroamericana.
Rodríguez Es Presentado
El nuevo ministro presenta sus credenciales. — Él representará a Nicaragua, Honduras y El Salvador. — La constitución.

El Sr. Rodríguez le ha presentado sus credenciales al presidente de los Estados Unidos como ministro de la República Mayor de Centroamérica. Él fue recibido y reconocido formalmente.

Washington, 23 de diciembre. — Después de considerar por varias semanas el estado del Sr. Rodríguez, el primer ministro de la República Mayor de Centroamérica, el presidente Cleveland lo recibió el día de hoy y aceptó sus credenciales en un discurso breve en el que, aunque formal en tono, fue muy evidente en sus buenos deseos hacia la nueva unión americana.

El presidente enfatizó el propósito de nuestro gobierno de mantener la responsabilidad de los países individuales de la nueva unión por reclamos pasados, e indicó su esperanza de que Guatemala y Costa Rica, que hasta este momento se han negado a unirse a los demás en la nueva república, muy pronto le den su adherencia.

El ministro fue acompañado al Departamento de Estado por su secretario, el Sr. Corea, y su hijo, J. D. Rodríguez Jr., quien es parte de la legación. Fue escoltado hacia la Casa Blanca por el secretario Olney, y, después de presentarse ante el presidente, entregó sus credenciales, diciendo:

DISCURSO DE RODRÍGUEZ

"Sr. presidente: la República Mayor de Centroamérica me ha honrado al nombrarme su enviado especial y ministro plenipotenciario para el gobierno de su excelencia.

"Al conferirme tal honor, la asamblea, que constituye el lazo de unión entre las tres repúblicas que organizó la nueva entidad, me ha dado instrucciones especiales para asegurarle a su excelencia —algo que es muy grato para mí— que la República Mayor de Centroamérica tiene el mismo deseo de cordialidad y amistad sincera hacia el gobierno y el pueblo estadounidense que siempre han tenido los gobiernos y los pueblos que componen la misma; y que tiene el deseo sincero de que ni el progreso energético ni el poder de esta gran nación se vea interrumpido o afectado, y que su Excelencia disfrute de felicidad personal.

"Es muy satisfactorio para mí el colocar en las manos de su excelencia las cartas que acreditan mi representación en el puesto ya mencionado.

"Nuestra firme convicción de que los sentimientos que hemos expresado sean recíprocos de parte de su Excelencia y el pueblo estadounidense nos lleva a solicitar la intervención eficaz de su Excelencia para llevar a una conclusión satisfactoria las cuestiones que son de interés para la Confederación mediante la influencia que pueda ejercer en los desarrollos pacíficos de sus grandes elementos de riqueza y prosperidad.

"Confío, Sr. presidente, que para este fin y para otros asuntos que tendré que tratar con el gobierno de su Excelencia, obtendré su recepción benevolente, y que los resultados que pueda conseguir serán merecedores de la aprobación de los que me han nombrado en confirmación adicional de amistad y gratitud por el interés que los Estados Unidos de América han demostrado hacia el bienestar de las repúblicas centroamericanas".

El presidente respondió de la siguiente manera:

RESPUESTA DE CLEVELAND

"Sr. ministro: me alegró de recibir de sus manos la carta de parte de la asamblea de la República Mayor de Centroamérica, en la que, en representación de la misma y de las repúblicas de Honduras, Nicaragua y El Salvador, que forman la unión, se le acredita como enviado especial y ministro plenipotenciario para este gobierno.

"En en nombre de los Estados Unidos de América, se le otorga a la República Mayor de Centroamérica, constituida según las estipulaciones del tratado de Amapala del 20 de junio de 1895 entre las repúblicas de Honduras, Nicaragua y El Salvador y al entrar en relaciones diplomáticas por el mismo, dicho reconocimiento y se aceptan tales relaciones con el entendimiento distintivo de que las responsabilidades de cada una de esas repúblicas hacia los Estados Unidos de América permanecen igual.

"Puedo discernir por los artículos de asociación mediante los cuáles la asamblea obtiene sus poderes, que ya está más cerca la unión de los países centroamericanos en interés de su defensa común y bienestar general, y les doy la bienvenida como precursores de otros pasos que pueden darse en la misma dirección y que se espera puedan resultar en la consolidación de todos los países de Centroamérica como una nación para todos los propósitos de sus relaciones y tratos foráneos.

"A usted, de forma individual, le extiendo un cordial saludo, tanto personal como oficial, y espero que su renovada residencia en la capital de este país, en donde ya anteriormente tuvo misiones representativas de importancia, sea tan agradable para sus relaciones personales como creo que será útil y provechosa para los países que representa, entre los que siempre ha existido, y se espera que siempre exista, un lazo estrecho de amistad con los Estados Unidos".

LA CONSTITUCIÓN

La República Mayor de Centroamérica quedó organizada el 20 de junio de 1895 en Amapala, cuando se firmó un tratado entre los representantes de Honduras, El Salvador y Nicaragua, que constituye la constitución de la nueva república. Se espera en el futuro la adhesión de Costa Rica y Guatemala, pero no se ha logrado hasta ahora.

Los artículos esenciales del tratado que unen a esas tres repúblicas son los siguientes:

ARTÍCULO I. Las repúblicas de Nicaragua, Honduras y El Salvador formarán en el futuro una sola entidad política, que ejercerá su soberanía transitoria bajo el nombre de la República Mayor de Centroamérica. Esta denominación continuará hasta que las repúblicas de Guatemala y Costa Rica acepten de forma voluntario el presente arreglo, en cuyo caso el nombre pasará a ser la República de Centroamérica.

ARTÍCULO II. Mediante los acuerdos políticos, los gobiernos que firmarán este documento no renunciarán a su autonomía e independencia al dirigir sus propios asuntos domésticos; y la constitución y leyes secundarias de cada país seguirán vigentes en todo lo que no contradiga a estas estipulaciones.

ARTÍCULO III. Para que pueda completarse el arreglo del Artículo I, se formará una asamblea compuesta por un miembro que sea dueño de propiedades y un sustituto elegido por cada una de las repúblicas firmantes. Las resoluciones de la asamblea serán por voto mayoritario, y para sus relaciones con otros gobiernos, elegirán anualmente, de entre ellos mismos, a los que servirán como representantes. La asamblea tendrá el poder para arreglar las leyes que sean necesarias para el ejercicio de sus funciones.

ARTÍCULO IV. La formación de la asamblea tendrá como su principal objetivo la preservación de la armonía entre las naciones representadas y mantener las relaciones de amistad, ratificando para este propósito los tratados o convenios que sean necesarios. En todos los tratados de amistad que esta asamblea llegue a ratificar, se escribirá expresamente la cláusula de que todas las cuestiones que surjan serán arregladas, sin excepción, mediante arbitraje.

ARTÍCULO VI. Todas las cuestiones que surjan en el futuro o que ahora se encuentren pendientes entre las repúblicas firmantes y naciones foráneas se pasarán con prontitud a la asamblea de acuerdo con los datos e instrucciones que se le comunicarán mediante el gobierno implicado.

ARTÍCULO X. El nombramiento de los representantes diplomáticos y cónsules y la recepción y admisión de aquellos a quienes se ha acreditado con tales puestos dependerán de la asamblea.

ARTÍCULO XII. La asamblea continuará en sesión sucesivamente por un año en cada una de las capitales de las repúblicas que forman este convenio. La orden de sucesión en cada ciudad se establecerá por sorteo.

El Salvador fue la última de las tres repúblicas en ratificar la convención, lo que hizo el 15 de septiembre, "el aniversario de la gloriosa libertad de la República de Centroamérica". En ese día se organizó la asamblea de la nueva república, la cual quedó constituida por los siguientes miembros:

Por Honduras, Don E. Constantino Fiallos; por El Salvador, el Dr. Jacinto Castellanos; y por Nicaragua, Don Eugenio Mendoza.

El Salvador fue elegido por sorteo como la primera capital en la que la asamblea tendrá sus sesiones. Se ha abolido al ministro de relaciones exteriores en cada una de las tres repúblicas.

Fuente: Philadelphia Inquirer

1896-diciembre-31

EL SINDICATO DE HONDURAS
Una compañía que espera operar ferrocarriles en Centroamérica.

Trenton, N.J., 30 de diciembre.

Los artículos de incorporación se presentaron aquí hoy por el sindicato de Honduras, una compañía que espera asegurar las concesiones del gobierno de Honduras y concesiones de tierras para la operación de varios sistemas de ferrocarril.

El capital social de la compañía es de $500,000, y los incorporadores son Chauncey M. Depew de Nueva York, William Seward Webb de Shelburne, Vermont; J. G. McCullough de North Bennington, Vermont; John Jacob Astor, F. B. Jennings, Benjamin F. Tracy, Nathan C. Prentice y Melville E. Ingalls de Nueva york; y Charles McVeigh de Morristown, N.J.

Fuente: The New York Times

EL DORADO EN HONDURAS
Alphonse L. Pinart, de París, dice que el oro allí es abundante.

Alphonse L. Pinart, de París, Francia, está en esta ciudad después de un tour de seis meses por Honduras, adónde fue como agente comercial acreditado del gobierno francés y como un representante del Sindicato Francés de Centroamérica. El Sr. Pinart dice que descubrió un nuevo El Dorado en Honduras, donde el oro es abundante.

"Esto es especialmente cierto", dijo el Sr. Pinart a un reportero del *The New York Times*, "en el departamento de Olancho, en las orillas de los ríos Guayape y Jalan. He asegurado concesiones del Gobierno de Honduras, otorgándome cuarenta y dos ligas del primer río nombrado y setenta y dos ligas del último, además de 300 yardas de las orillas adyacentes.

De cada yarda cúbica de tierra, se puede extraer de 60 a 70 centavos de oro. Las raíces y la hierba sacada de la tierra contienen polvo de oro en profusión, y puedo decir, con total confianza, que California será superada. Detrás de esta parte del país están los distritos montañosos, donde se puede encontrar cualquier cantidad de cuarzo con oro, platino y telurio, y es cosa fácil para cualquier hombre obtener de $5 a $10 al día allí.

No hay peligro de ningún disturbio político, ya que el país es perfectamente seguro para los extranjeros. Toda esta conversación sobre frecuentes revoluciones no tiene sentido. Durante todo el tiempo que yo estuve allí ni siquiera supe de tal cosa. Los extranjeros no son molestados ni reclutados en el ejército, incluso cuando hay una revolución.

El Sr. Pinart tiene un número de especímenes finos de yacimientos y cuarzos de oro, y exhibió una pieza de oro puro encontrada en las orillas del Guayape, que pesa más de siete libras. Dijo, además, que los mineros competentes podrían hacer dinero en esas regiones y no tienen que temer a las condiciones climáticas, ya que el interior de

Honduras es agradable y el termómetro nunca sube más de 85 grados, incluso en el verano.

Fuente: The New York Times

1897-enero-16

REVOLUCIÓN DE HONDURAS
Se reporta que la situación de los asuntos es seria.
Por cablegrama mexicano. Propiedad intelectual de James Gordon Bennett, 1897.

Panamá, Colombia, vía Galveston, Texas, 17 de abril.
Noticias recibidas de San Salvador dan más confirmación a las declaraciones de la seriedad de la revuelta en Honduras. Se informa que se ha formado un gobierno provisional con el Gral. Arturo López como jefe supremo, escogiendo Puerto Cortés como la sede de autoridad. El comandante en jefe del ejército rebelde es Enrique Soto.

Fuente: Philadelphia Inquirer

1897-abril-20

Hay una revolución en Honduras y la república está bajo ley marcial. Estas noticias podrían ser consideradas serias de no ser porque estas revoluciones sudamericanas son, como regla general, perfectamente inofensivas. Cuando terminan, generalmente se registra en el idioma del escritor del "Ingoldsby Legends" que "nadie se sintió ni un centavo peor".

Fuente: Philadelphia Inquirer

LA REPÚBLICA DE HONDURAS.

La *Gaceta* de anoche contiene lo siguiente: "Ministerio de Relaciones Exteriores, 26 de abril de 1897. – El marqués de Salisbury, K.G. el principal secretario de Estado de Su Majestad para relaciones exteriores, ha recibido un telegrama del ministro de Su Majestad en Centroamérica, con fecha del 25 de abril, declarando que los puertos norteños de la República de Honduras han sido declarados oficialmente cerrados al comercio".

Fuente: The London Times

1897-mayo-08

SE ENVÍA UN BUQUE DE GUERRA
Gran Bretaña toma acciones para proteger sus intereses. Le ordena al *Intrepid* dirigirse a Honduras de inmediato — El *Bermuda* es detenido.

Kingston, Jamaica, 7 de mayo.

El buque de guerra británico *Intrepid* ha zarpado desde Jamaica, en donde ha estado por algún tiempo, con órdenes de dirigirse hacia Puerto Cortés, Honduras, para proteger los intereses británicos. Puerto Cortés está ahora en manos de los insurgentes de Honduras. El buque filibustero cubano *Bermuda* ha sido detenido en Puerto Antonio debido a violaciones de las leyes de aduana.

Fuente: Philadelphia Inquirer

1897-mayo-10

BARCO DE GUERRA ENVIADO A HONDURAS
Se le ordena al *Marblehead* proceder a Puerto Cortés.
Cablegrama especial para el *The Inquirer*.

Washington, 9 de mayo.

Con el fin de permitir protección adecuada a las vidas y propiedades estadounidenses en Honduras, el departamento de la marina ha ordenado al *Marblehead*, que está en Key West, a proceder a Puerto Cortés, un puerto en la costa noroeste de esa república.

El agente consular de los Estados Unidos en Puerto Cortés anunció, hace varios días, la captura del lugar por los rebeldes, y después informó que las tropas del gobierno se habían reunido en gran número cerca de la ciudad capturada y se estaban preparando para invadirla.

Fuente: Philadelphia Inquirer

1897-mayo-12

HONDURAS

Nueva York, 11 de mayo.

Un telegrama de Tegucigalpa afirma que la revolución en Honduras ha terminado. — *Reuter.*

Fuente: The London Times

1897-mayo-12

EL MARBLEHEAD EN CAMINO
El Departamento de Estado tuvo noticias de Honduras la semana pasada

Washington, 11 de mayo.

La captura de Puerto Cortés fue anunciada al Departamento de Estado por el agente consular Alger la semana pasada.

Después de ese informe llegó el anuncio de que las tropas del gobierno de Honduras fueron reunidas enfrente de la ciudad y se propusieron a atacar.

Al recibir esta noticia, el Secretario de la Marina mandó ordenes al buque *Marblehead,* en Key West, para ir inmediatamente a Puerto Cortés para proteger los intereses estadounidenses allí.

Si es cierto que el agente consular Alger ha sido asesinado, lo más probable es que el ataque se llevó a cabo poco después de que su último mensaje fuera enviado y antes de que el *Marblehead* saliera de Key West.

Fuente: The New York Times

1897-mayo-12

LA REVOLUCIÓN HA TERMINADO
El cónsul Little, de los Estados Unidos, dice que la paz reina en Honduras.

Tegucigalpa, Honduras; por Galveston, Texas, 11 de mayo.

La revolución ha terminado y el país está en paz.
Fuente: The New York Times

1897-mayo-12

LA REVOLUCIÓN HA TERMINADO
Un informe desde Honduras muestra una condición pacífica.

Tegucigalpa, Honduras, 11 de mayo (vía Galveston, Texas).

La revolución ha terminado y el país está en paz.
Fuente: Philadelphia Inquirer

NO HAY NOTICIAS DEL INSULTO A LA BANDERA

El Departamento de Estado desacredita los reportes de Honduras.

Washington, 12 de mayo.

El Departamento de Estado no ha recibido información alguna referente al reporte del asesinato del Sr. Alger, agente consular de Estados Unidos en Puerto Cortés, Honduras, durante una pelea entre las fuerzas del gobierno y los revolucionarios, ni del presunto insulto a la bandera estadounidense por el remolcador a vapor nicaragüense *Lucy B.* Ante la ausencia de información oficial, el departamento está dispuesto a desacreditar los reportes.

El Departamento de Estado escuchó directamente del agente consular Alger la semana pasada en un cablegrama el anuncio del cierre del puerto debido a la rebelión. Ayer, el cónsul Little en Tegucigalpa, la capital del país, reportó al departamento que la rebelión había terminado y, como sus informes eran, indudablemente, más recientes que aquellos de la gente del barco a vapor, los oficiales están seguros de que el agente consular no fue asesinado, ya que de otro modo su muerte habría sido informada por el Sr. Little.

Fuente: The New York Times

1897-junio-11

Informes privados recibidos en esta ciudad indican que un sindicato de Nueva York conformado por Chauncey M. Depew, Jr., John Jacob Astor, el Dr. Webb y otros, han asegurado una concesión de parte de Honduras que les da autorización para construir unas vías férreas desde Puerto Cortés, en el Mar Caribe, hasta el Océano Pacífico. La consideración por la que se otorgó esta concesión es la compra del sindicato de $1,000,000 en bonos de Honduras, siendo estos bonos asegurados por los ingresos del gobierno. Honduras tiene aproximadamente el tamaño de Ohio. Posee, al menos en el interior, un clima estable, tierras fértiles y grandes recursos minerales. Su desarrollo se ha visto limitado por la falta de vías férreas, o, más bien, por la falta de cualquier tipo de camino.

El gobierno ha sido constantemente propenso a ser derrocado por una revolución repentina. La construcción de esta vía no solo ayudará al desarrollo del país, sino que también le permitirá al gobierno protegerse contra las rebeliones. Cuando el comandante Burke, editor del *New Orleans Times-Democrat* y extesorero de Luisiana, fue acusado hace unos diez años por la malversación de los fondos del estado, se refugió en Honduras, país con el que no tenemos un tratado de extradición, y con cuyo presidente en ese tiempo gozaba él de una buena relación personal y de negocios.

Fuente: Philadelphia Inquirer

1897-junio-22

LAS REPÚBLICAS CENTROAMERICANAS
(Mediante La Agencia Reuter)

Berlín, 21 de junio.

El *Reichsanzeiger* de hoy hace el siguiente anuncio:

"El día 15 de este mes un tratado fue firmado en Guatemala entre los plenipotenciarios de Honduras, Nicaragua y San Salvador, por un lado, y los representantes de Costa Rica y Guatemala por el otro. En virtud de este tratado, los cinco Estados en cuestión constituirán, de ahora en adelante, una sola República de Centroamérica en cuanto a sus relaciones con países extranjeros. El tratado va a ser ratificado por los parlamentos de las repúblicas concernientes para el 15 de septiembre próximo."

Fuente: The London Times

LA CONCESIÓN DE HONDURAS
El sindicato estadounidense ha recibido el control de las finanzas, vías férreas, bancos e inmigración.

Washington, 23 de agosto.

El cónsul Jarnigan de Utila, Honduras, ha enviado al Departamento de Estado un reporte de una concesión importante por el gobierno de Honduras otorgada al sindicato de Honduras. Esta corporación se compone, según el cónsul, de reconocidos capitalistas y financieros de los Estados Unidos, localizados mayormente en Nueva York. El sindicato ha depositado con el gobierno de Honduras $30,000 en oro como garantía de que cumplirá con su parte de la concesión.

El gobierno de Honduras ha notificado a todos sus recaudadores de aduanas y otros funcionarios que el aumento del arancel autorizado en abril pasado que entraría en vigencia el 01 de agosto no será recaudado, ya que la concesión establece que no habrá aumento en la tarifa existente durante los próximos cinco años sin el consentimiento del sindicato. El sindicato supervisará la recaudación de todos los impuestos y pagará a Honduras una suma estipulada en lugar de las recaudaciones. El sindicato liquidará la deuda nacional, que asciende a varios millones de dólares.

El gobierno de Honduras concede al sindicato el ferrocarril que ahora opera en treinta millas o más desde Puerto Cortés, el derecho de ruta a la Bahía de Fonseca, y un subsidio de 3,200 acres de tierra por cada milla de camino construido y operado. El sindicato tiene el derecho de llevar a cabo un negocio bancario general y de traer colonos que, sin embargo, no deben ser negros.

El cónsul dice que esta concesión significa mucho para Honduras y los Estados Unidos, y que abrirá un país rico nunca desarrollado proporcionando un conducto para la empresa y el capital estadounidense.

Fuente: Philadelphia Inquirer

DUEÑOS DEL PAÍS
Un sindicato estadounidense prácticamente ha comprado a Honduras.
Significa que los Estados Unidos tendrán control absoluto sobre sus negocios y el comercio.

Washington, 23 de agosto.

El cónsul Jarnigan, de Utila, Honduras, le ha enviado al Departamento de Estado un informe sobre una concesión importante del gobierno de Honduras otorgada al Sindicato de Honduras. Esta corporación está compuesta, según el cónsul, por capitalistas y financieros muy conocidos de los Estados Unidos, principalmente ubicados en Nueva York. El sindicato ha depositado con el gobierno de Honduras $30,000 en oro como garantía de que llevará a cabo su parte de la concesión.

El gobierno de Honduras les ha notificado a todos sus recolectores de aduana y otros oficiales que el incremento de aranceles autorizado en abril pasado y que entraría en efecto el 1 de agosto no se recaudará, ya que la concesión incluye el que no habrá un aumento de la tarifa existente durante los siguientes 5 años sin el consentimiento del sindicato. Este incremento significaba duplicar las tarifas de muchos artículos y era casi prohibitivo en otros. El sindicato supervisará la recaudación de todos los aranceles y le pagará a Honduras una suma estipulada en lugar de lo recaudado.

El sindicato liquidará la deuda externa (nacional) dentro de un tiempo dado, y abrirá oficinas en Europa para este propósito. La deuda externa de Honduras llega a los varios millones.

El sindicato está autorizado para construir y operar unas vías férreas desde Puerto Cortés hasta la Bahía de Fonseca, en la costa del Pacífico, con todas las ramificaciones que desee.

El gobierno de Honduras le concede al sindicato la vía férrea y todas sus anexidades que ahora son operadas en unas treinta millas o más desde Puerto Cortés, el derecho de vía hacia la Bahía de Fonseca, y un subsidio de 3,200 acres de tierra por cada milla construida y operada por el sindicato, ya sea como línea principal o ramificaciones, y estas tierras estarán ubicadas contiguas a las vías y en secciones alternas, o en cualquier punto deseado por el sindicato.

El cónsul Jarnigan dice que esto le da al sindicato la franquicia más valiosa que podría obtenerse en Honduras. El sindicato, dice él, tiene el poder para construir una vía transcontinental estrecha y de operarla por noventa y nueve años sin restricciones en cuanto a la ruta. También se le ha dado el derecho de organizar y operar bancos, realizar negocios bancarios generales, y traer colonos que, sin embargo, no deben ser negros.

El cónsul dice que esta concesión significa mucho para Honduras y para los Estados Unidos, y describe en detalle cómo abrirá a un país rico nunca desarrollado, preparando el camino para la empresa estadounidense y el capital estadounidense.

"Esto significa", dice él, "un control absoluto del comercio por parte de los Estados Unidos. Significa la dominación estadounidense, no solo en el comercio, sino, sobre todo, en el destino de la nación".

Fuente: Philadelphia Inquirer

1897-septiembre-14

CONFISCADO POR CONTRABANDO
Las autoridades de Honduras toman acciones en contra de un barco estadounidense.

Washington, 13 de septiembre.

El vicecónsul Bernhard de los Estados Unidos en Tegucigalpa, Honduras, le informa al Departamento de Estado que la goleta estadounidense *Alice Vane* ha sido confiscada y su tripulación encarcelada por realizar contrabando en el puerto de Omoa y en la costa norte de Honduras.

Él le está dando seguimiento al caso.

Fuente: Philadelphia Inquirer

Disturbios en Centroamérica

Centroamérica ha sido considerada generalmente como un centro tormentoso, pero se podría afirmar que este año los elementos políticos están en una condición especialmente perturbada. No hay región en el mundo que presente mayores ejemplos de codicia de poder, de prácticas corruptas al tener un cargo público, y de avaricia y egoísmo humano que en las llamadas repúblicas centroamericanas.

Cuando una dictadura es derribada, da paso a otra, generalmente peor, si es que es posible; las constituciones son invalidadas, la ley marcial toma el lugar de un buen gobierno y el orden civil, las industrias se paralizan, el progreso se detiene, y hasta cuando cesan los conflictos internos, siempre queda la sombra de disturbios futuros, lo que hace que se desconfíe de todas las declaraciones de paz y prosperidad permanente.

Un movimiento revolucionario ha estado recientemente en curso en Nicaragua; Honduras y Costa Rica están en crisis, mientras que en Guatemala el levantamiento en contra del gobierno se ha vuelto tan serio y generalizado que no se puede saber en qué terminará. El presidente Barrios está encerrado en la ciudad de Chiquimula, en donde ha sido rodeado por las fuerzas rebeldes; mientras que uno de sus generales, que fue enviado al campo de batalla con una gran cantidad de hombres, se ha pasado al lado de los revolucionarios llevando a todas sus tropas, caballos y artillería con él.

No hay duda de la tiranía que Barrios ha ejercido durante su tiempo en el poder, y durante la guerra civil ha demostrado tanta crueldad como la que manchó el registro del General Weyler, fusilando a prisioneros y no combatientes, y matando a un ciudadano progresista y pudiente que solo pensaba en los intereses de su país, que no se involucraba en la política, y cuya única ofensa al parecer fue rehusarse a añadir más a los cofres de Barrios.

Se ha sabido gracias a fuentes del gobierno que la revolución en Nicaragua ha sido controlada. En ese país, los negros y los indios son una gran mayoría, y las dificultades para establecer un gobierno estable naturalmente se incrementan, pero estas condiciones no prevalecen al mismo grado en Honduras y Costa Rica, y en esos países no solo hay discordias internas, sino que los dos también están amenazando con declararse la guerra con la idea de finalmente involucrar a México en el conflicto.

Tristemente, el desarrollo industrial de todos estos países se ha detenido, y las condiciones que prevalecen lograrán afectar a otras naciones que buscan establecer relaciones comerciales con ellos. Desde cualquier punto de vista que veamos estos estallidos revolucionarios, son desalentadores para los hombres inteligentes, y es difícil decir en dónde o cómo se puede encontrar una solución para estos.

Se ha sugerido como una posible cura el que los países centroamericanos se unan en una república federal, pero puede que esto solo agrave las condiciones presentes al esparcir el cáncer. Países con un desorden crónico difícilmente son campos favorables para un experimento de ese tipo. Y las personas latinoamericanas parecen no tener el autocontrol que actúa en las razas teutónicas y les permite apoyar una unidad política.

Fuente: Philadelphia Inquirer

1897-noviembre-28

El anuncio de que Honduras (Centroamérica) está a punto de ser adquirida por un sindicato de capitalistas ricos ha puesto a los periódicos ingleses a determinar cuáles serán los resultados desde un punto de vista filatélico. "Seguramente", dice el *Fortnightly*, de Londres, "un negocio como un sindicato empresarial no descuidará una rama tan importante del gobierno centroamericano como la junta de ingresos filatélicos. Posiblemente los contratos existentes con el Sr. Seebeck serán anulados, con el fin de que la '*Honduras Limited*' pueda vender sus propias estampillas para la mejor ventaja.

Fuente: Philadelphia Inquirer

ESTADOS SIN UN MINISTRO
El capitán Merry enviado a Costa Rica y el Dr. Hunter a Guatemala, dejando fuera a Nicaragua y Honduras.

Washington, 9 de diciembre.

El Departamento de Estado está a punto de presionar hasta el final la cuestión que se ha suscitado entre ellos y el Gobierno de Nicaragua, surgiendo de la negativa de Nicaragua de recibir a un ministro estadounidense en la persona del capitán Merry de California.

Se permitirá que la legación de los Estados Unidos en Managua, que ha sido cerrada por el retiro del ministro Baker, permanezca cerrada enteramente. El capitán Merry, que ha estado en California por varios meses esperando el final de la correspondencia que ha estado sucediendo con miras a su recepción como ministro en Nicaragua, ha recibido órdenes recientes de proceder a San Juan, en Costa Rica, para tomar su misión allí. Navegará a su puesto el 17 de diciembre.

El Dr. Hunter, de Kentucky, quien ha sido fijado como ministro de Guatemala y Honduras, estaba hoy en el Departamento de Estado, y, habiendo recibido sus instrucciones finales, navegará desde Nueva York el 20 de diciembre. Él va a la ciudad de Guatemala, la capital de Guatemala, pero, como su caso es, en muchos aspectos, similar al del capitán Merry, es probable que sea confinado en su ministerio a ese país y no será recibido en Honduras, país al que también está acreditado.

El problema surge por el hecho de que cuando se formó la República Mayor, se acordó entre las naciones del grupo que sus relaciones extranjeras serían conducidas a través de una asamblea, e insistieron que ministros de otros países serían acreditados a esta asamblea. El congreso había dividido las misiones en Centroamérica de tal manera que cada una de las dos misiones incluye un país dentro y otro sin la República Mayor. Este hecho fue repugnante para las naciones en la liga.

Debido a los términos de nuestra acta de apropiación, el presidente fue obligado a acreditar a los ministros a los países nombrados en el acta: El capitán Merry a Nicaragua y Costa Rica y el Dr. Hunter a Guatemala y Honduras; y no tenía autoridad para acreditarlos a la asamblea, así que la persistencia que Nicaragua y Honduras han mostrado en sus posiciones ha resultado en privar a una de ellas de la presencia de cualquier ministro estadounidense, y amenaza con hacer lo mismo con la otra. En este caso será interesante notar cómo la representación diplomática de la República Mayor en Washington, ahora confiada a un encargado, el Sr. Correa, se verá afectada.

Fuente: The New York Times

1897-diciembre-12

FORMACIÓN COMPLETA DE LA UNIÓN
La República Mayor de Centroamérica tomando acciones.

Washington, 11 de diciembre.

Se ha recibido información oficial de que la república mayor de Centroamérica está a punto de extender su unión para darle todos los atributos de una nación soberana. Actualmente, los tres países que forman la unión — Nicaragua, El Salvador y Honduras — tienen una asamblea que maneja las relaciones diplomáticas con el resto del mundo, mientras que cada país mantiene su propio gobierno separado en asuntos internos.

Esto ha creado la impresión de que la república mayor era solamente una alianza de tres repúblicas, pero no una república por sí misma. Esto también ha sido la principal causa de problemas al mandar ministros de Estados Unidos a Centroamérica.

En vista de este sentimiento, el Sr. Corea, representante en Washington de la república mayor, le escribió al secretario de la asamblea solicitándole autoridad para afirmar que el gobierno era más que una mera alianza. En respuesta, el secretario, el Sr Mendoza, le escribe al Sr. Corea que está a punto de formarse una unión completa.

Ya no será solamente una unión para relaciones diplomáticas, sino que será una fusión de todos los intereses de los distintos gobiernos hacia un estado soberano. No se le ha informado al Sr. Corea sobre los detalles de esta unión completa, pero él dice que cree que se cumplirá en febrero o antes.

Fuente: Philadelphia Inquirer

1898-enero-04

UNIÓN EN CENTROAMÉRICA
La consolidación de Nicaragua, El Salvador y Honduras en progreso constante.

Washington, 3 de enero.

La completa consolidación de Nicaragua, El Salvador y Honduras en una república soberana está progresando continuamente, de acuerdo a los informes recibidos por el señor Correa, encargado de los asuntos de la República Mayor de Centroamérica. Se le informa al Sr. Correa que la Asamblea ha completado una constitución para la república mayor con poderes legislativos completos, y que se han enviado avisos a los presidentes de los tres países que forman la unión de que la constitución está lista para ser aprobada.

El siguiente paso será convocar una asamblea constitucional con veinte delegados de cada uno de los tres países para aprobar la constitución. Se espera que la asamblea se lleve a cabo durante la próxima primavera.

El señor Correa tiene informes de Nicaragua hasta la fecha del 16 de diciembre, afirmando que un ajuste amistoso ha sido alcanzado entre Nicaragua y Costa Rica sobre el encarcelamiento del cónsul general costarricense. Se llegó a temer, en cierto punto, que este arresto llevaría a una guerra, y hay informes renovados a tal efecto, pero en vista de sus informes oficiales, el señor Correa está seguro de que el incidente está satisfactoriamente cerrado.

El encargado no ha recibido información oficial sobre el levantamiento reportado en El Salvador, y por esta razón está inclinado a desacreditar las historias de problemas serios. El Sr. Correa continuará a cargo de los asuntos de las tres repúblicas en

Washington, ya que se determinó que no es necesario para el presente que el ministro Rodríguez regrese a este puesto. Es probable que esto se deba, en cierta medida, a la fricción por recibir al ministro de los Estados Unidos en los Estados de Centroamérica, aunque la única causa asignada por el hecho de que el ministro Rodríguez no regrese es que el asunto aquí no exige su presencia.

Fuente: The New York Times

1898-enero-10

LA CONDICIÓN DE HONDURAS

El reporte consular británico más reciente desde Honduras presenta un relato deprimente de la condición de esa república. La pobreza de la gente es muy grande, y los males económicos causados por antiguos problemas políticos ahora han sido incrementados por la depreciación de la moneda de plata.

La población ha disminuido de forma significativa en los últimos años, debido, al parecer, a la migración causada por la mayor prosperidad de las repúblicas vecinas y a la huida de muchas personas por razones políticas. La industria minera ha disminuido gradualmente en los últimos cinco o seis años, y de las doce o más compañías que existían en 1891 solo dos siguen trabajando; sin embargo, la riqueza mineral del país es abundante. Otras industrias locales todavía no han podido desarrollarse.

La mayor esperanza del país es, y lo ha sido por 30 años, el ferrocarril interoceánico. Todo en Honduras, se trate de proyectos industriales o cualquier otra clase de progreso, depende de la mejora de los medios de comunicación, inmigración, y el ingreso de capital. De estos el más importante, y que traerá los otros consigo, es la mejora de los medios de viaje y de transportación de bienes.

El país tiene muchos recursos naturales, y el clima, que varía mucho en diferentes partes, es generalmente muy agradable. Los únicos productos agrícolas de importancia para exportación son los plátanos y el café, este último siendo el más importante. Los plátanos van en su mayoría hacia los Estados Unidos, y el café hacia las repúblicas vecinas. La calidad del café producido en Honduras es excelente, y existen grandes franjas de terrenos desocupados adecuados para el cultivo; pero la falta de mano de obra afecta a este y a todos los demás proyectos agrícolas en el país.

Fuente: The London Times

1898-enero-30

DEPEW Y HONDURAS
No irá allí, pero es jefe de una compañía que hará mucho por esa república.

Chauncey M. Depew no tiene intención de ir a Honduras a vivir, a pesar de que es presidente de una compañía organizada para hacer muchas cosas importantes por Honduras. Esta compañía se propone construir y operar un ferrocarril en ese país; ayudará a liquidar la deuda de la república; establecerá un banco allí, y, además, equipará a uno o más buques como guardia costera para prevenir el contrabando. Esta compañía, bajo el título general del sindicato de Valentine, ha negociado con éxito concesiones valiosas del Gobierno de Honduras, y documentos explicando la naturaleza del proyecto y el alcance de las concesiones fueron archivados en el Departamento de Estado en Washington algunos meses atrás. Ahora se hace un anuncio autorizado de que prácticamente se han completado los arreglos para comenzar el trabajo de construcción del ferrocarril.

El ferrocarril de Honduras se extenderá desde Puerto Cortés hasta un punto en la Bahía de Fonseca en la costa del pacífico. El gobierno de Honduras ha concedido a la compañía estadounidense la línea de ferrocarril que opera ahora de Puerto Cortés a La Pimienta, una distancia de cincuenta millas. Se ha otorgado un subsidio de tierra de 100 pies de ancho a cada lado del camino, ya sea que pase por tierras públicas o privadas.

Por cada milla de vía férrea nueva construida el gobierno cederá cinco millas cuadradas de tierra adyacente al camino. Se otorgan secciones alternativas cuando el camino pasa por tierras públicas. Una condición de la franquicia es que se extienda una rama de camino a Tegucigalpa, la capital de la República.

Los directivos de la compañía del Sr. Depew son: W. Seward Webb, John Jacob Astor, Benjamin F. Tracy, J. G. McCullough, Frederick B. Jennings, George S. Scott, Nathaniel A. Prentiss, Charles MacVeagh y Melville E. Ingalls Jr. Los agentes de Nueva York del sindicato son: Henry L. Sprague y W. S. Valentine. El sindicato podría emitir bonos que no excedan los $20,000 en oro por cada milla de vías férreas.

A cambio de las concesiones liberales otorgadas por el gobierno, esta compañía estadounidense acepta ayudar a pagar la deuda de Honduras y a establecer un banco que será conocido como El Banco Comercial de Honduras, con un capital de nada menos que $500,000 en oro. Este banco tiene la autoridad de actuar como agente financiero del gobierno de Honduras y como un depósito para los fondos nacionales.

Fuente: The New York Times

1898-febrero-08

CONCESIONES VALIOSAS

Desde el *The Inquirer Bureau*.

Nueva York, 7 de febrero.

Una de las concesiones más grandes jamás obtenidas por estadounidenses de parte de un gobierno extranjero ha caído en las manos de un sindicato de capitalistas neoyorquinos quienes han completado la organización de una compañía que controlará la exportación e importación de reses y ganado de todo tipo desde y hacia la República de Honduras libre de impuestos. La concesión es por veinticinco años, virtualmente haciendo a la república una gran granja de ganado para los tenedores del monopolio.

La concesión fue otorgada en agosto de 1895 por el gobierno de Honduras a Otto Zurcher, un ciudadano de Suiza, y desde entonces él ha estado ocupado en Europa y América obteniendo información sobre el manejo de ganado y la fabricación de carne enlatada, cuero, manteca y margarina. Sus labores resultaron en la creación hace unos días de la Compañía Estadounidense de Ganado, Agricultura y Colonización.

P. T. Barlow, de No. 63 Wall Street, es el presidente de la compañía; José Antonio López, de Guatemala, es el vicepresidente; James Yalden, de No. 32 Nassau Street, es el secretario y tesorero; y los directores son P. T. Barlow, James Yalden, George E. Conkling, J. J. Dimock, S. M. Hitchcock, W. B. Templeton, George E. Holland, José Antonio López y Carlos Zurcher. La compañía está capitalizada en $5,000,000.

Fuente: Philadelphia Inquirer

1898-marzo-04

HONDURAS SE REHÚSA A AYUDAR A NICARAGUA
Cablegrama especial. Copyright 1898 por James Gordon Bennett.

Panamá, 3 de marzo.

Se envía por transmisión de parte de las mejores autoridades tanto de El Salvador como de Honduras que ninguno de estos gobiernos tomará partido en la guerra entre Costa Rica y Nicaragua, al no ser parte del tratado de la unión de Amapala. Por tanto, Nicaragua tendrá que pelear por su cuenta si va a la guerra contra Costa Rica.

Fuente: Philadelphia Inquirer

1898-marzo-12

HONDURAS BUSCA LA PAZ
Costa Rica pidió pagar indemnización por intervenir en la guerra.
Cablegrama especial. Propiedad intelectual de James Gordon Bennett, 1898.

Panamá, Colombia, vía Galveston, Texas, 11 de marzo.

El Sr. E. Constantino Fiallos, secretario de estado de Honduras, se esfuerza por mantener la paz entre Nicaragua y Costa Rica. No se han hecho preparaciones militares, y los rumores de lo contrario son falsos.

Fuente: Philadelphia Inquirer

1898-abril-27

NO METERÁN LAS MANOS
Las repúblicas sudamericanas permanecerán estrictamente neutrales

Londres, 26 de abril.

Los cónsules generales de Ecuador, Nicaragua, San Salvador, Honduras, Costa Rica, y la República de Santo Domingo, los cuales han sido entrevistados con respecto a la actitud de sus gobiernos, declaran que sus compatriotas simpatizan con España, pero que sus respectivos gobiernos mantendrán una estricta neutralidad.

Fuente: Philadelphia Inquirer

1898-junio-25

CENTROAMÉRICA

"En Centroamérica existen condiciones similares. Costa Rica y Nicaragua simpatizan con los Estados Unidos. Honduras otorgó recientemente valiosas concesiones a una compañía estadounidense para la construcción de su ferrocarril y la reorganización de sus finanzas. También se ha fundado allí un museo nacional, cuya ley de incorporación establece que estará sujeto a la guía del museo de Filadelfia. El único argumento que se usó para asegurarlo fue que tenía la intención de promover el comercio con los Estados Unidos.

En Guatemala, El Salvador y todas las naciones latinoamericanas más pequeñas donde expresan cualquier opinión, es invariablemente favorable para este país, y en cuanto a la propuesta de formar una alianza hispanoamericana para protegerse contra Estados Unidos, es una completa tontería. No necesitan tal protección, y sería en contra de sus intereses adoptar tal actitud hostil hacia este país".

Fuente: Philadelphia Inquirer

EL AMAPALA PERTENECE EN HONDURAS Y PUEDE SER LIBERADO

Key West, 25 de junio.

El buque de dos mástiles, *Amapala*, de Trujillo, Honduras, fue traído aquí esta mañana hondeando la bandera estadounidense y a cargo de Ensign Zeen del *Vicksburg*. Fue capturado ayer por la tarde a la puesta de sol mientras dejaba La Habana e intentaba cruzar el bloqueo.

Fue revisado rápidamente por el *Vicksburg*, y se descubrió que llevaba más de treinta mujeres y niños y un grupo de hombres a bordo, tripulación y pasajeros, todos refugiados. No había enfermedad a bordo del *Amapala*, pero está detenido en cuarentena.

El *Amapala* pertenece a Manuel Montesino Monteres de Trujillo, Honduras. Estaba en La Habana desde antes del bloqueo. La tripulación era de once hombres, además del capitán, pero casi todos eran varones refugiados.

Fuente: The New York Times

OPOSICIÓN A ZELAYA
Honduras y El Salvador en contra de los nicaragüenses.
Evidencias de una división importante se desarrolla en la convención de delegados centroamericanos.

Correspondencia del Associated Press.

Managua, Nicaragua, 16 de julio.

La convención de delegados de El Salvador, Honduras y Nicaragua aún tiene sesiones diarias. El comité encargado de reportar sobre los artículos para la constitución de estos países, establecido por la asamblea de la república mayor bajo cuya convocatoria se ha reunido, ha reportado muchas modificaciones.

También ha sugerido una centralización de los países en cuestión mediante un distrito federal compuesto por una parte por los departamentos civiles de Chinandega, lindando con el Océano Pacífico y el golfo de Fonseca, en Nicaragua; de Amapala, lindando con el golfo de Fonseca, en Honduras, y el de Limón, lindando con el Pacífico y el golfo de Fonseca, en El Salvador, con Amapala, que está situada en la isla del Tigre en el golfo de Fonseca, como la ciudad capital.

La convención, sin embargo, rechazó, por una gran mayoría, la idea y favoreció una confederación de los tres estados bajo el nombre de "Estados Unidos de Centroamérica".

Se desarrollaron evidencias de una importante división cuando los delegados llegaron a la discusión de la cuestión sobre si debería haber un ejecutivo compuesto por un tribunal de tres personas, o solo una persona. Los nicaragüenses en la convención están todos a favor del presidente Zelaya, de Nicaragua, como el primer ejecutivo de la confederación propuesta y de que tenga total control de las armas, municiones y otros materiales de guerra y de los soldados de El Salvador, Honduras y Nicaragua.

Sin embargo, los periódicos de los otros países protestan en contra de la elección del presidente Zelaya como el líder de la confederación y están llenos de artículos amargos acusándolo de mala administración debido al gobierno dictatorial y a la condición cambiante de Nicaragua de paz y prosperidad a bancarrota. Los periódicos también acusan al presidente Zelaya de actos inhumanos en contra de miles de nativos nicaragüenses de riqueza e inteligencia que se han opuesto a su administración.

Los amigos del presidente están por emitir un circular en defensa de su gobierno de Nicaragua, y así, al reconocer sus cargos contra él y al tratar de combatirlos, se profundiza el amargo antagonismo desplazado hacia él y esto, muy probablemente, dará como resultado la interrupción de la convención sin formular una constitución.

El sentimiento adverso mantenido por los viejos nativos en contra de la gente de los Estados Unidos debido a la guerra con España aún se expresa. Sin embargo, la mayoría de los hombres jóvenes están a favor de los estadounidenses.

Fuente: Philadelphia Inquirer

EL FRANQUEO DE PAQUETES HACIA HONDURAS

El acuerdo entre el Reino Unido y el Estado de Honduras, en Centroamérica, que entró en efecto el 1 de septiembre de 1897 para el intercambio de paquetes postales entre los dos países, ha sido publicado, junto con las regulaciones detalladas en un Libro Azul. Paquetes sin seguro podrán enviarse desde el Reino Unido hacia Honduras con un peso de hasta 11 libras, y sin sobrepasar los 3 pies 6 pulgadas de largo, o 6 pies de largo y circunferencia combinados, con las siguientes tarifas prepagadas: No más de 3 libras, 2s. 4d.; más de 3 libras, pero no más de 7, 4s.; más de 7 libras, pero no más de 11, 5s. 8d.

Además, una cuota de no más de 5 céntimos por cada 4 onzas se puede cobrar al destinatario por gastos de envío y de aduana. Cada paquete debe ir acompañado por una nota de envío y por declaraciones de aduana en conformidad con los formularios de muestra presentados en un apéndice. El acuerdo establece que el intercambio de paquetes postales se realizará por medio de Belice, siendo el transporte marítimo del correo en ambas direcciones entre el Reino Unido y Belice protegido por este país, y entre Belice y Puerto Cortés por Honduras.

Fuente: The London Times

1898-agosto-13

POCO PROGRESO CONSEGUIDO
Delegados de los estados centroamericanos continúan en sesión.

Correspondencia del Associated Press.

Managua, Nicaragua, 26 de julio.

Los delegados de la convención para formar una constitución para los estados de El Salvador, Honduras y Nicaragua continúan sus sesiones aquí casi diariamente. Sin embargo, el trabajo progresa lentamente. Los delegados han discutido los primeros once artículos, numerando cerca de cincuenta y cinco, y han decidido sobre las siguientes características principales:

1. — La organización será una confederación, en lugar de una unión central de los tres estados.

2. — El nombre de la confederación será "los Estados Unidos de Centroamérica".

3. — Habrá un distrito federal, compuesto por los departamentos civiles de Chinandega, en Nicaragua; Choluteca, en Honduras, y La Unión, en El Salvador, todos lindando con el golfo de Fonseca.

4. — La capital organizadora será Amapala, en la isla del Tigre, en el departamento de Choluteca, Honduras. Aún está por decidirse la capital permanente por el primer congreso, y estará localizada en Amapala, Choluteca o Chinandega.

5. — Habrá un presidente, en lugar de una tribuna triple, como se propuso al principio.

En una sesión reciente, los delegados de El Salvador protestaron en contra de lo que llamaron "un espíritu de antagonismo hacia El Salvador", en algunos discursos hechos por algunos delegados de Nicaragua.

Se cree probable que el presidente Bonilla, de Honduras, o el presidente Zelaya, de Nicaragua, será escogido como el primer presidente de la confederación propuesta.

Fuente: Philadelphia Inquirer

1898-agosto-26

FORMANDO UNA REPÚBLICA MAYOR
El Salvador, Honduras y Nicaragua se unirán.

Managua, Nicaragua, 25 de agosto.

La convención que se ha comprometido a formular una constitución para los Estados Unidos de Centroamérica, abarcando El Salvador, Honduras y Nicaragua, ha concluido su trabajo. Los comisionados fueron designados para reunirse en Amapala, Honduras, el próximo 01 de noviembre.

Estos comisionados suplantarán a la Asamblea de la República Mayor de Centroamérica, y asumirán poderes federales provisionales. Ellos harán preparaciones para la elección del 01 de diciembre de un presidente, senadores, representantes y jueces federales por un periodo de cuatro años, y para la instalación en el cargo de los elegidos el 01 de marzo de 1899.

El distrito federal incluye más de 3,000 millas cuadradas en la costa del Pacífico. La constitución no ha sido presentada para el voto de la gente.

Fuente: The New York Times

1898-agosto-28

LA FORMACIÓN DE LA REPÚBLICA MAYOR
El Salvador, Honduras y Nicaragua han unido sus destinos.

Managua, Nicaragua, 27 de agosto.

Los miembros de la convención que se ha comprometido a formular una constitución para los Estados Unidos de Centroamérica, que abarca El Salvador, Honduras y Nicaragua, han firmado la constitución.

Los señores Ángel Ugarte, Salvador Gallegos, y Manuel Coronel Matus han sido designados como comisionados y empoderados para actuar como gobierno federal hasta la elección del diciembre próximo de un presidente federal y de congresistas, para ser instalados el 01 de marzo de 1899.

Fuente: The New York Times

1898-agosto-29

LOS ESTADOS UNIDOS DE CENTROAMÉRICA
(Mediante La Agencia REUTER)

Nueva York, 27 de agosto.

Un comunicado de Managua declara que la asamblea efectuada allí ha firmado un acuerdo estableciendo una constitución para los Estados Unidos de Centroamérica, abarcando a San Salvador, Honduras y Nicaragua.

Panamá, 28 de agosto.

El Gobierno Federal de los Estados de San Salvador, Honduras y Nicaragua será dirigido por una comisión desde el 1 de noviembre, cuando la nueva constitución sea efectiva, hasta el 3 de marzo de 1898, cuando el presidente del congreso, que será elegido el 13 de diciembre, asuma el cargo.

Fuente: The London Times

1898-septiembre-16

PARA DESARROLLAR HONDURAS
Grandes planes y concesiones del sindicato Scott-Astor-Depew-Valentine.

EL TRABAJO PRONTO SE REANUDARÁ
El regreso del gerente general Cooper de Honduras – Reporte favorable concerniente al arreglo de la deuda – El trabajo ferroviario será impulsado.

El coronel D. B. Cooper, gerente general del Sindicato de Honduras que está compuesto principalmente de capitalistas de Nueva York, regresó ayer a esta ciudad después de algunos meses de estancia en Honduras. Inmediatamente después de su llegada consultó con William S. Valentine, el organizador del sindicato, y, después de la conferencia, ambos señores negaron los informes publicados recientemente de que los planes del sindicato habían fallado como consecuencia de problemas con el gobierno de Honduras.

El coronel Cooper dijo que, durante su reciente visita a Honduras, su recepción por el Gobierno fue de una naturaleza muy cordial y que estaba satisfecho con el panorama y también con las perspectivas de una pronta reanudación del trabajo planeado por el sindicato.

El Sindicato de Honduras, que fue formado hace unos seis años, mantiene, en consideración de un pago anual de $500,000, una amplia concesión de la república centroamericana de Honduras, que le da el derecho de colectar los ingresos aduaneros de esa república; de resolver el endeudamiento de la república; de construir un ferrocarril del Atlántico al Océano Pacífico; de establecer y operar una institución bancaria y de tener una línea costera de barcos a vapor. Chauncey M. Depew es presidente de este sindicato, y sus otros miembros son: George S. Scott, John Jacob Astor, Benjamin F. Tracy, W. Seward Webb, F. B. Jennings, I. G. McCullough, Charles MacVeagh, Melville E. Ingalls Jr., y William S. Valentine. George S. Scott, bien conocido en los círculos financieros de Nueva York, es el mayor accionista. Además de la concesión mencionada, el gobierno de Honduras le otorgó a este sindicato 500,000 acres de tierra con privilegios mineros y de colonización.

Fue con la idea declarada de desarrollar los recursos de Honduras e invitar a la inmigración y la colonización que el sindicato se puso a trabajar para extender el antiguo ferrocarril de Honduras de océano a océano y establecer el crédito financiero de la República de Honduras al resolver su pesada carga de endeudamiento consolidado, que asciende a alrededor de $32,000,000. Casi todo el endeudamiento es representado por bonos mantenidos en Europa.

El interés nunca ha sido pagado en estos bonos, y la propuesta de resolver la deuda que está ahora bajo consideración se encuentra considerablemente por debajo del valor nominal de los valores.

PROBABLE LIQUIDACIÓN DE LA DEUDA

William S. Valentine, vocero del sindicato, habló francamente sobre sus perspectivas y planes ayer por la tarde en su oficina, en la calle Forty-fourth 51 East. Con respecto a la liquidación de la deuda de Honduras de $32,000,000, dijo: "La disposición existente entre el gobierno y el sindicato para el arreglo de la deuda extranjera era, originalmente, de naturaleza experimental.

Cuando los representantes del sindicato visitaron Inglaterra en julio pasado se encontró necesario modificar el contrato para cooperar con los tenedores de bonos extranjeros, y se hicieron planes satisfactorios con el consejo de accionistas extranjeros que mostraron todo deseo de trabajar en armonía con el plan propuesto por el gobierno y el sindicato.

Esto fue reportado al gobierno y de inmediato hizo propuestas para un cambio en la duración del contrato; y ahora se puede asegurar que en el próximo Congreso en Honduras se harán estos cambios y el sindicato tendrá éxito en todo lo que le confíe el gobierno.

El coronel Cooper transmitió ayer a los miembros del sindicato garantías verbales de que el gobierno de Honduras estaba dispuesto a tratar de manera justa con el sindicato en la materia de estos bonos. El contrato que el sindicato tiene con la República de Honduras no estipula que el sindicato tomará parte de los bonos pendientes o pagará parte de la deuda; el sindicato debe actuar simplemente como el agente de la república para lograr un acuerdo. Se espera que este acuerdo tome la forma de reducir sustancialmente la deuda y extenderla durante un largo período de años.

Al llevar a cabo la gestión de los ingresos aduaneros de Honduras, el sindicato tiene en cuenta un aumento de esos ingresos para establecer métodos de recaudación más rígidos y económicos que los que hasta ahora han prevalecido. Según los términos de su contrato con el gobierno, el sindicato tiene derecho a utilizar en el desarrollo de sus planes todos los ingresos aduaneros recaudados en exceso de aproximadamente $1,000,000 en plata, monto que era el recibo anual normal al momento de la firma del contrato.

Existe la posibilidad de que, con buenas condiciones comerciales, el sindicato pueda aumentar estos ingresos aduaneros anuales a $1,500,000 o incluso más.

EL INTERÉS DE JOHN JACOB ASTOR

El coronel John Jacob Astor ha tomado un interés personal en los asuntos del sindicato. Él visitó Honduras en compañía de William S. Valentine y otros el invierno pasado, y miró los planes del sindicato con mucho más cuidado. Estuvo presente en la inauguración del banco del sindicato, y, según el Sr. Valentine, expresó confianza en la practicabilidad del desarrollo del país. El Sr. Astor ayudó a organizar la reposición en calibre estándar de la sección completa del nuevo ferrocarril.

Hablando de la construcción de las vías férreas en Honduras, el Sr. Valentine dijo: "El sindicato ha completado cinco millas de vías nuevas, y ha degradado diez millas adicionales. La vieja línea, con un millaje de cincuenta y seis, ya ha sido transferida al sindicato por George S. Scott y por mí, quien adquirió control de ella de el gobierno algunos años atrás. Esto hace al actual camino de sesenta y dos millas de longitud.

Cuando se complete será de 220 millas de largo. La suspensión reciente del trabajo de construcción no significa, de ninguna manera, que el sindicato ha abandonado los planes. El sindicato había organizado todo su trabajo, tenía a todo el personal en sus departamentos, y tenía unos 1,200 hombres en el trabajo, impulsando la terminación de las vías cuando se inició la guerra con España, y la prohibición de enviar cualquier material que pudiera considerarse contrabando de guerra, como también la dificultad de alquilar barcos de vapor para el envío de suministros a Honduras, hizo que las obras se quedaran sin todo el material necesario, y después de haber utilizado la última libra de dinamita, nos vimos obligados a cerrar las obras por el momento. Un gran número de los trabajadores que habían sido importados al país fueron devueltos a los Estados Unidos a expensas del sindicato.

El sindicato no teme a la competencia del Ferrocarril de Guatemala, ni del Canal de Nicaragua, porque el primero es solo una empresa local y el segundo, durante muchos años, será necesariamente uno de los mejores clientes del Ferrocarril de Honduras; y, además, la inmensa riqueza natural de Honduras hará que el camino pague bien. Esta afirmación se fundamenta en el inmenso aumento en el tráfico que el camino ha mostrado desde que el sindicato comenzó a extender su línea.

En nuestra opinión, Honduras tiene ventajas sobre todos los demás países, sin exceptuar Cuba o Puerto Rico, para desarrollar los intereses comerciales de este país y ofrecer grandes oportunidades a los colonos de pequeño capital. Calculamos que el desarrollo de Honduras dará una oportunidad a la mano de obra desempleada de este país".

EL TRABAJO SE REANUDARÁ

El Sr. Valentine dijo que no sabía qué tan pronto se resumiría el trabajo en el ferrocarril de Honduras. Mucho dependería del progreso del arreglo de la deuda. Sin embargo, no hay duda en cuanto a la reanudación del trabajo y la continuación vigorosa de los planes del sindicato. Hasta el momento, dijo, el banco del sindicato en Honduras no tenía otro negocio que la administración de los ingresos de aduanas.

Se esperaba que se hicieran negocios para el banco tan pronto como se reanudara el trabajo de desarrollo del país. El Sr. Valentine comentó que la concesión para establecer una línea costera de barcos de vapor estaba en manos de unos pocos individuos, que eran parte del sindicato, pero eran independientes de él.

Chauncey M. Depew, quien tiene el cargo de presidente del sindicato, dijo que aún no se había comprometido a familiarizarse con los detalles de los planes para desarrollar Honduras, pero entendió su alcance general y creía que se reanudaría el trabajo de construcción.

Fuente: The New York Times

1898-septiembre-24

UNIDAD CENTROAMERICANA
Serias diferencias en la convención de las naciones que forman la República Mayor.
PODER SUPREMO RECLAMADO
Los delegados ignoran la asamblea y dicen que ellos solos representan a El Salvador, Honduras y Nicaragua – Los presidentes podrían desafiar al gobierno federal.

Managua, Nicaragua, 5 de septiembre.

Los delegados, que a diario están teniendo reuniones en este lugar con el propósito de decidir los artículos de la constitución que será formulada para los propuestos Estados Unidos de Centroamérica, que estará compuesto de los Estados de El Salvador, Honduras y

Nicaragua, han tenido muchas diferencias importantes, con los representantes de Nicaragua y Honduras votando, en algunas ocasiones, tenazmente, o muy cerca de esto, en oposición a los puntos de vista de los delegados de El Salvador. Los representantes de El Salvador, evidentemente, no están satisfechos con varios artículos que han sido aprobados por sobre sus votos por los otros delegados.

Los miembros de la convención se han declarado, en la actualidad, los únicos y supremos comunicadores de la voluntad de los Estados y el pueblo de El Salvador, Honduras y Nicaragua, y, por lo tanto, ignoran la "asamblea" de "La República Mayor de Centroamérica", que los nombró a través de los gobiernos estatales (en realidad no fueron elegidos, como afirman) y no presentarán la constitución (nominalmente formulada para los Estados y el pueblo) al pueblo para su aprobación o desaprobación.

Muchos críticos del trabajo de la convención declaran que cuando el Gobierno Federal ordene a los presidentes de los Estados, en su organización, en conformidad con la nueva constitución, entregar al Gobierno Federal todos los cañones, rifles, municiones de guerra y soldados de los diversos Estados, habrá mucha oposición, y algunos de los presidentes retrasarán o rechazarán por completo el cumplimiento de la orden y así evitarán el establecimiento de los Estados Unidos de Centroamérica.

Se cree que la posición, e incluso la vida, de algunos presidentes de los países de Centroamérica dependen solamente del hecho de que controlen vigilantemente, personalmente o a través de satélites pagados, todas las armas, municiones de guerra y soldados en sus respectivos Estados.

ARTÍCULOS DE LA CONSTITUCIÓN.

Los siguientes son algunos de los artículos prominentes acordados por la asamblea que forman la constitución:

EL NOMBRE. – Será "Estados Unidos de Centroamérica".

EL DISTRITO FEDERAL. – Será compuesto por los cuatro departamentos civiles de Chinandega (Nicaragua), Choluteca y Morazán (Honduras) y La Unión (El Salvador), siendo el límite terrestre el Golfo de Fonseca y extendiéndose hacia el interior hasta la cresta de las montañas que dan al Océano Pacífico, que contiene más de 3.500 millas cuadradas de superficie terrestre y abarca los excelentes puertos de Corinto (Nicaragua), La Unión (El Salvador), Amapala (Honduras) y el Golfo de Fonseca.

LA CAPITAL. - Sera, actualmente, Amapala, en la Isla del Tigre (Honduras), en el Golfo de Fonseca. El Gobierno Federal seleccionará un sitio más adelante, dentro del Distrito Federal, para una capital permanente.

(El gobierno probablemente seleccionará como sitio para la capital federal una de las mesetas elevadas y bien regadas en las montañas de Choluteca que dan al Golfo de Fonseca y su entrada al Océano Pacífico, cerca de río Choluteca (Honduras)).

EL GOBIERNO. – Consistirá de un presidente, cuatro senadores y trece representantes de cada estado, y tres senadores y cuatro representantes del Distrito Federal, elegidos por cuatro años. El presidente no será reelegido. La Suprema Corte también será elegida por la gente, por cuatro años, cuando el Gobierno Federal lo ordene.

TERRITORIO. – Los departamentos civiles que componen el Distrito Federal deben ser cedidos por los Estados al Gobierno Federal. Pero los Estados y el Gobierno Federal tienen prohibido ceder cualquier parte del territorio estatal o nacional a cualquier potencia extranjera.

(Esto es, evidentemente, un esfuerzo para prevenir a cualquier potencia extranjera la ruta del canal a través de Nicaragua).

LAS ELECCIONES SE CELEBRARÁN EN DICIEMBRE

Una comisión nombrada por la convención se reunirá en Amapala el próximo 01 de noviembre, facultada para tomar todos los pasos necesarios para tener una elección en los Estados el 01 de diciembre de 1898 para presidente, senadores, representantes y para inaugurar a las personas allí elegidas, en Amapala, el 01 de marzo de 1899 como oficiales del Gobierno Federal.

El Gobierno Federal será el poder supremo dentro de los Estados, y será el medio de comunicación entre los Estados y países extranjeros; controlará todas las aduanas en los Estados y colectará los impuestos de importación, dividiendo las colecciones, tal como se hicieron, en partes iguales con el Gobierno del Estado del cual se recolectaron. Esta división de los impuestos de importaciones será la regla al principio. El Congreso Federal tiene la facultad de ordenar otra manera.

Las armas, cartuchos y municiones de guerra de cada Estado y todos los soldados deben ser entregados al Gobierno Federal en su organización.

Ninguno de los presidentes de los Estados, ni ningún miembro de la comisión para inaugurar el Gobierno de la Unión, puede ser elegido presidente de la unión federal durante el término de su cargo.

Cualquiera de los actuales presidentes de los Estados puede renunciar a su cargo y postularse para la presidencia de la Unión Federal.

Las deudas existentes de los Estados no serán asumidas por el Gobierno Federal; por lo menos no en el presente.

Fuente: The New York Times

1898-septiembre-26

INDIOS CENTROAMERICANOS
Una tribu extraña en Honduras y algunas de sus inusuales tradiciones.
Del New Orleans Times-Democrat

En partes de Centroamérica, poco visitadas por el hombre civilizado, ocasionalmente se descubren restos de tribus alguna vez poderosas, pero ahora débiles y casi extintas. Poco a poco, estas razas se han juntado hasta que casi todas se unen para formar al ser más homogéneo, el nativo centroamericano, en cuyas venas fluye indudablemente la sangre de los chichimecas, los colhuas, nahuas, tlaxcaltecas, olmecas, toltecas, aztecas y españoles.

Ocasionalmente, pero raramente, se han descubierto tribus de tales tipos que conducen a la creencia de que en su caso no se ha producido tal amalgamación, y la preservación de una lengua extraña, de hábitos y rasgos totalmente ajenos a otras tribus cercanas a ellos hace que esto sea totalmente probable. Una tribu singular, en el interior de Honduras cerca de la costa norte y conocida por los nativos de Honduras como hicoques,, habita algunas pequeñas villas muy

226

separadas, de las cuales la más extensa no está lejos de Villa Nueva, sobre las vías férreas de Astor de Honduras.

Desde este lugar, el camino sube las montañas hasta El Venado, a 2,500 pies sobre el mar. El pueblo indio está construido sobre la punta del pico más alto de la cadena montañosa y consta de menos de una docena de chozas miserables. No hay calles y las cabañas se posan a lo largo de la cima de la montaña sin ninguna apariencia de regularidad u orden.

Un vistazo muestra que estas no son las casas comunes de los hondureños. Este último construye su choza de barro y cubre su techo con hojas de palma, mientras que estas chozas no tienen lados; consisten en cuatro postes y un techo de paja hecho con la hierba larga que crece entre los pinos. En el interior de las chozas brillan por su ausencia las mesas o sillas, siendo los únicos muebles varias hamacas hechas de una especie de planta pita. Detrás de las chozas hay pequeñas estufas y hornos de adobe, y colgando de los postes están los guacales o calabazas donde todo se cocina. Los hicoques, no usan vasijas de barro para ningún propósito.

Es la costumbre de los hicoques, ante la llegada de extraños, que toda la villa se precipite hacia el bosque. Esta timidez excesiva hace que sea un asunto de gran dificultad el obtener información precisa sobre sus costumbres sociales o su vida hogareña. Se sabe que ellos difieren, en casi todo sentido, de las demás personas del país. Los hicoques son pequeños y rechonchos, con grandes pómulos, labios anchos y delgados y con dientes prominentes.

Tienen cabello negro lacio, largo y trenzado. Los hombres no usan ropa, salvo un pequeño taparrabos generalmente tejido de alguna planta nativa. La comida de los Hicoques consiste, generalmente, en carne de caza y raíces salvajes, aunque ocasionalmente tienen algunos cerdos y algunas veces cultivan una pequeña porción de maíz. Lo último solo sucede cuando han vivido sin molestias por un largo periodo de tiempo en un lugar. Los hombres son bastante hábiles con el arco y flechas, y con estas armas obtienen la mayoría de la carne consumida por la familia.

La ceremonia de matrimonio es desconocida entre ellos. Cuando se selecciona a la novia, la mujer camina y toma posesión de su nuevo hogar y el hombre sale un poco antes para conseguir comida para dos.

No se practica la poligamia, pero el matrimonio se lleva a un punto peligrosamente cercano, y la endogamia sin duda ha tenido mucho que ver con el desarrollo imperfecto de los indios. La misma causa ha retrasado su crecimiento en inteligencia y su incremento en número.

No se cree que estos indios tengan alguna forma particular de adoración religiosa, pero están llenos de supersticiones, lo que los lleva a hacer muchas cosas peculiares. Por ejemplo, cuando la enfermedad le acaece a alguno de ellos, el inválido es provisto con suficiente comida para tres o cuatro días y después se le deja que la combata solo lo mejor que pueda, con el resto de la familia retirándose a alguna otra casa. Su conocimiento de medicina parece basarse solo en el uso de no más de cuatro decocciones herbales de las formas más simples.

Otro rasgo singular es su superstición con respecto a la expectoración dentro de sus casas. Si un extraño entrara en una de sus casas y se olvidase de escupir en el suelo, ningún hicoque volvería a entrar allí.

Es extremadamente difícil aprender mucho acerca de su lenguaje debido a su reticencia y timidez. En muchos aspectos, su lengua suena como la de nuestros indios del oeste, excepto que es más suave y se mezcla más rápidamente. Parece que tienen un vocabulario completo, y cuando están entre ellos, la conversación es animada. La música parece desconocida, y nunca se han encontrado instrumentos musicales entre ellos.

Las madres parecen devotas a sus hijos, y en ese aspecto los hicoques son, quizás, mejores que muchos otros indios en este país. Como los Squaw de Norteamérica, las madres hicoque amarran a sus hijos sobre sus espaldas para poder salir. Esto es muy diferente a la manera de la mujer nativa de Centroamérica, que lleva a los niños a horcajadas sobre la cadera, colocando el brazo de la madre sobre la parte baja de la espalda del bebé.

La total evitación de todas las demás razas y la extrema timidez y cautela, que son las características distintivas de los hicoques, son inexplicables. Su completo aislamiento en un país densamente asentado y notablemente rico y fértil hace de esta tribu un estudio muy interesante para el estudiante de etnología.

Fuente: The New York Times

UNA REPÚBLICA NUEVA

Los Estados Unidos de Centroamérica han quedado oficialmente establecidos el día de hoy. Se componen por los países de Nicaragua, El Salvador y Honduras. Se trata de una organización federal en la que la integridad de cada país está protegida al mayor grado posible. La capital de la federación se ubicará en alternancia en las capitales de los varios países que componen la unión, y el presidente del país en el que por el momento se encuentre la capital nacional será el presidente de los Estados Unidos de Centroamérica.

Esta es la culminación de muchos planes y proyectos para confederar a toda Centroamérica. Se han hecho esfuerzos en el pasado para asegurar la cooperación de Guatemala en esta unión de países, pero esa pequeña mancomunidad frugal ha seguido constantemente su propio camino y está desarrollando un comercio próspero, tanto doméstico como foráneo.

Con los Estados Unidos de Centroamérica es diferente. La mala administración de las finanzas y la depreciación del peso de plata han provocado un decaimiento en el comercio. Las magníficas cosechas de café solo tienen la mitad del precio que se pagaba anteriormente por grano, esto debido a la competencia de Brasil, que ha estado vendiendo una sobreproducción de la materia prima a precios ruinosos.

La caída del comercio en varios puertos centroamericanos se atribuye por nuestros cónsules en varios de sus informes al hecho de que los países han sido prácticamente arruinados por el estándar de plata. Paul Wiesike, nuestro cónsul en Managua, Nicaragua, declara los hechos de esta manera:

El estándar de moneda nacional es el peso de plata, y esta moneda desafortunada ha sufrido una desmonetización tan fatal como la caída en el precio del café, pues mientras el peso en 1894 valía alrededor de 65 centavos en oro, ahora vale 23 centavos menos, lo que significa un deterioro de las propiedades de Nicaragua en la misma cantidad y un incremento similar en el precio de las necesidades básicas de la vida.

Lo que es cierto sobre Nicaragua es también cierto sobre las otras dos repúblicas que forman la unión. Los cónsules en todos los puertos coinciden en ese mismo veredicto.

Así que la nueva república tendrá obstáculos por delante, no solo políticos, sino también comerciales y financieros. Cuando el canal interoceánico corte por el istmo su condición será avanzada, pues el gasto del dinero requerido para completar el trabajo será muy benéfico. El canal también hará a la república un centro de actividad comercial, algo que los países por separado nunca han logrado. Pero es problemático el si la república durará lo suficiente como para verlo. Su unión es muy débil, y la más pequeña fricción podría causar que todo se viniera abajo.

Fuente: Philadelphia Inquirer

1898-noviembre-02

COALICIÓN CENTROAMERICANA
El Salvador, Nicaragua y Honduras serán dirigidas bajo una administración.

San Francisco, 01 de noviembre.

El barco a vapor *Acapulco*, que llegó desde Sudamérica hoy, trae noticias de la coalición de tres estados centroamericanos, El Salvador, Nicaragua y Honduras, que serán dirigidos bajo una misma administración conocida como los Estados Unidos de Centroamérica.

La inauguración del nuevo régimen debía llevarse a cabo hoy, de acuerdo con los pasajeros del *Acapulco*, y se llevaría a cabo una gran celebración en honor a este evento en Amapala, que será la sede del gobierno. Bajo esta forma de gobierno, la administración pasa al control de un representante de cada una de las repúblicas: el Dr. Salvador Gallego de El Salvador, Miguel Ángel Ugarte de Honduras y el Dr. Manuel Coronel Matus de Nicaragua.

Estos tres continuarán en el poder hasta el próximo 14 de marzo, cuando elegirán formalmente a un presidente de los Estados Unidos de Centroamérica, quién tendrá el cargo por cuatro años. Informes afirman que los tres países prácticamente han acordado que J. Rosa Pacose, de El Salvador, sea elegido presidente.

Mientras tanto, los presidentes de las tres repúblicas asumirán el grado de gobernadores, e inmediatamente después habrá una elección en El Salvador. Los tres candidatos gubernamentales son: el Gral. Tomás Regalado, Horacio Villavicencio y Carlos Meléndez.

Fuente: The New York Times

1898-noviembre-04

EL NACIMIENTO DE UNA NUEVA REPÚBLICA

Los Estados Unidos de Centroamérica quedan formados el 1 de noviembre.

Washington, 3 de noviembre.

El 1 de noviembre, las repúblicas de Nicaragua, El Salvador y Honduras dejaron de existir, y el territorio abarcado por ellas se volvió estados de la nueva república de los Estados Unidos de Centroamérica.

La nueva república tiene una población de 2,000,000 y un área de 110,000 millas cuadradas. El movimiento para formar la nueva república empezó el 20 de junio de 1895, mediante el tratado de Amapala. La constitución se formó el 27 de agosto pasado y se ratificó con la debida formalidad. Se hace una provisión para la admisión de Guatemala y Costa Rica si escogen entrar a la unión.

La forma de gobierno es similar a la de los Estados Unidos, y el primer presidente será inaugurado el 15 de marzo de 1899 y estará en el poder por cuatro años.

Fuente: Philadelphia Inquirer

NUEVA CAPITAL DEL PAÍS
Chinandega será la sede de los Estados Unidos del gobierno de Centroamérica.

Managua, Nicaragua, 10 de noviembre (vía Galveston, Texas).

El gobierno de los Estados Unidos de Centroamérica ha cambiado su capital de Amapala, Honduras, a Chinandega, Nicaragua, que será la sede permanente del gobierno.

Fuente: Philadelphia Inquirer

1898-noviembre-15

REVUELTA EN EL SALVADOR
La gente del lugar no está feliz con la república recién formada

Nueva York, 14 de noviembre.

Un informe recibido hoy en esta ciudad desde Libertad, Nicaragua, declara que se ha desatado una revolución en El Salvador. Hace tan solo quince días que El Salvador, Honduras y Nicaragua unieron sus destinos y formaron los Estados Unidos de Centroamérica. Mientras que la federación de los tres países fue aprobada por los presidentes y los comisionados nombrados de cada país para preparar una constitución, la gente de El Salvador no ha sido entusiasta sobre el nuevo proyecto, en especial porque parece ser que las cargas financieras de mantener a los otros países recaerán en particular sobre ellos debido a su mayor densidad de población en comparación con las otras partes de la consolidación.

Fuente: Philadelphia Inquirer

1898-noviembre-18

PROBLEMA EN CENTROAMÉRICA

El primer día de este mes, la República Mayor de Centroamérica fue formada. Nicaragua, Honduras y El Salvador hicieron a un lado la dignidad de gobiernos separados y se convirtieron en estados de la nueva confederación. Transfirieron al gobierno general todos los asuntos foráneos e interestatales, reservando para ellos mismos solo asuntos locales. Habiendo copiado a las organizaciones de los Estados Unidos, se expresaron grandes esperanzas de que los disturbios y los impulsos revolucionarios del pueblo se calmarían y se inauguraría una era de paz y prosperidad.

Desafortunadamente, ya han surgido celos. El Salvador, que posee una población y una riqueza nacional mayor que la de los otros dos países combinados, ha sido gravado proporcionalmente, y los conservadores en ese país creen que su influencia debería ser primordial. Aunque la República Mayor solo tiene dos semanas de antigüedad, ya ha comenzado una revolución en El Salvador, siendo el objetivo de esta el de imponer el poder de El Salvador sobre los otros dos países, o, en caso de que eso falle, desacreditar la nueva institución.

Los conservadores, que han adoptado esta causa, puede que hayan tenido éxito en capturar a Gutiérrez, el presidente de El Salvador. Usualmente, las revoluciones de Centroamérica terminan con la captura del presidente, pero, en la presente instancia, los rebeldes de El Salvador deben lidiar con las tropas de Honduras y Nicaragua. Estos dos países, junto con las fuerzas leales en El Salvador, deberían ser capaces de reemplazar al gobernador Gutiérrez y mantener la unión de los países intacta. Si fallan en hacer esto, los asuntos de Centroamérica son aptos para volver a sus viejas condiciones insatisfactorias.

Fuente: Philadelphia Inquirer

1898-noviembre-21

CENTROAMÉRICA

La agencia *Reuter* ha recibido el siguiente mensaje del Sr. J. Kelly, cónsul general de la República Mayor de Centroamérica:

Un cablegrama recibido esta mañana (19 de noviembre) reporta que un cambio de gobierno ha sido efectuado en San Salvador después de una corta pero feroz revolución en contra del presidente Gutiérrez, siendo el nuevo presidente el Gral. Tomás Regalado, quien representa a las clases sociales ricas del Estado. El fin del cargo del presidente Gutiérrez habría terminado, de una manera ordinaria, en febrero del año siguiente, pero la opinión pública se volvió exaltada a consecuencia de comprometer al país a la federación propuesta con Honduras y Nicaragua.

La República Federal debió disponer exclusivamente de las fuerzas armadas de los tres Estados, y admitir la mitad de los derechos de aduana de cada uno, a lo cual la gente de San Salvador se opuso fuertemente, siendo sus ganancias de aduanas mucho mayores que las de los otros dos Estados. Se espera que el primer acto de la nueva administración será el de retirarse de la federación propuesta.

Fuente: The London Times

1898-diciembre-01

LA UNIÓN SE HA DISUELTO
Los Estados Unidos de Centroamérica resultaron ser un completo fracaso

Duró Solamente Un Mes

La revuelta de El Salvador en contra del proyecto fue la perdición de la nueva república sureña.

Managua, Nicaragua, vía Galveston, 30 de noviembre. — El intento de formar una coalición entre los países de Nicaragua, Honduras y El Salvador, que se realizaría bajo una administración común y llegaría a conocerse como Estados Unidos de Centroamérica, ha fracasado por completo.

Los organizadores federales declararon formalmente el día de hoy la separación de la unión, y los tres países continuarán con sus soberanías absolutas respectivas.

El colapso se debió al fracaso de las tropas de Honduras, actuando a nombre de los organizadores federales, al intentar suprimir los disturbios en El Salvador en contra de la federación propuesta y obligar a El Salvador a ser parte de la unión. La coalición duró tan solo un mes.

Fuente: The New York Times

1898-diciembre-04

NUESTRO COMERCIO EN HONDURAS
Gran demanda de cerveza y whisky estadounidense en ese país.

Washington, 03 de diciembre.

El whisky estadounidense es elogiado siempre en Honduras, y la cerveza estadounidense se vende excluyendo a todas las demás en ese país. Esto aparece en el reporte anual del cónsul Johnston en Utila, recién recibido en el Departamento de Estado. Él dice que, aunque Estados Unidos tiene la mayoría de las importaciones a Honduras, los ingleses tienen todo el comercio en algunos productos, como el hilo, la inserción de encaje, etc.

En cuanto a los bienes de algodón, algunos productos ingleses son vendidos, pero son, en su mayoría, de los Estados Unidos, especialmente en los grados más finos. Las calidades más pesadas no se venden en camisas, pero los algodones utilizados para las velas y tapices son todos estadounidenses. El mercado usará el doble de un artículo de primera clase que un artículo inferior. En la isla de Utila, donde se usa el lenguaje inglés y no el español, el Sr. Johnston dice que los libros escolares de los Estados Unidos están en demanda, y, si son introducidos, serían usados extensivamente.

Fuente: Philadelphia Inquirer

HONDURAS

Nueva York, 4 de febrero.

Un comunicado de Tegucigalpa declara que el Gral. Terencio Sierra ha sido instalado formalmente como presidente de Honduras. — *Reuter.*

Fuente: The London Times
1899-febrero-13

HOMBRE DE PITTSBURG ASESINADO
Se le exigirá una explicación al gobierno de Honduras.

Washington, 12 de febrero.

Se han recibido pocos detalles en el Departamento de Estado en relación al asesinato de un estadounidense llamado Frank Pears, de Pittsburg, en San Pedro Sula, Honduras el 2 de febrero, lo cual está siendo investigado por el comandante I. C. Logan del cañonero *Machias*. Información en manos del departamento muestra que se trató de un atropello sin sentido.

Tan pronto como se reciba el informe del comandante Logan, se le harán las solicitudes adecuadas al gobierno de Honduras para el castigo de los autores del crimen.

Fuente: Philadelphia Inquirer

1899-marzo-09

BUQUES DE GUERRA EN CAMINO A HONDURAS
Sampson y su escuadrón navegarán hacia allá – Serán recibidos en Kingston, Jamaica.

Washington, 08 de marzo.

El próximo martes, los habitantes del pequeño Puerto Cortés en la costa del Golfo de Honduras mirarán anclada en su puerto, probablemente por primera vez, al entero escuadrón noratlántico de los Estados Unidos. El almirante Sampson irá allí directamente desde la Habana y, posiblemente, la aparición de los barcos estimulará al Gobierno de Honduras a la acción en el caso del asesinato del Sr. Pears, un nativo de Pittsburgh, PA., quien recibió un disparo por parte de un centinela a causa de su ignorancia del idioma español. El comandante del *Machias* ha estado revisando el caso, pero se dice que el Gobierno de Honduras ha rechazado nuestra petición para investigarlo.

Fuente: The New York Times

1899-marzo-26

NUEVO GABINETE DE HONDURAS
Cablegrama especial al The Inquirer. Derechos de autor, 1899, por James Gordon Bennett.

Tegucigalpa, Honduras, vía Galveston, Texas. 25 de marzo.

El nuevo gabinete del presidente Terencio Sierra es anunciado de la siguiente manera:

Canciller, Sr. Cesar Bonilla; Guerra, Sr. Máximo B. Rosales; Tesorero, Sr. Daniel Fortín; Justicia e instrucción pública, Sr. Constantino Fiallos; Obras públicas, Sr. Francisco Altschul.

Fuente: Philadelphia Inquirer

1899-marzo-31

ESTADOUNIDENSES NO TENDRÁN PENA DE MUERTE

Washington, 30 de marzo.

El informe que llegó a este lugar sobre los estadounidenses condenados a muerte en Honduras hizo que el gobierno le enviara un mensaje a su cónsul pidiéndole información, y esta fue su respuesta:

Ciudad de Guatemala, Guatemala, 30 de marzo. — Hay. Secretario, Washington: Recibí información del presidente de

Honduras y de otros de que no hay estadounidenses condenados a muerte ni en peligro en ese lugar. La pena de muerte no existe.

(Firmado) - Beaupere, Cónsul.

Fuente: Philadelphia Inquirer

1899-abril-02

CONSEJO DESDE HONDURAS

"Con mucho gusto lo haría, pero Honduras ya intentó algo similar y se metió en serios problemas".

Las noticias de las órdenes de que la flota de Sampson se dirigiera a Puerto Cortez apenas habían llegado a Bluefields, y tuvieron el efecto de hacer que se relajara el mando con mano de hierro de Torres. Él había ordenado que todos los comerciantes le debían pagar de nuevo a él todos los aranceles que le habían pagado al gobierno revolucionario y se negó a recurrir a los tribunales. Ahora ha decidido dejar que los tribunales arreglen la cuestión.

El supuesto levantamiento en Castillo resultó ser nada más que un alboroto de soldados borrachos. Hay una gran falta de trabajadores en la costa y la fruta ha sufrido las consecuencias. Torres está reclutando a todos los nativos en un ejército o arrestándolos como revolucionarios. Los que no ha podido capturar han huido hacia las junglas.

Fuente: Philadelphia Inquirer

1899-abril-17

EL TÍO SAM PODRÍA ENVIAR BUQUES DE GUERRA A HONDURAS
Se exige una indemnización por el asesinato de un estadounidense.

Washington, 16 de abril (especial).

Al no responder pacíficamente ante las demandas de los Estados Unidos de una indemnización de $10,000 para los herederos de Frank

Pears, asesinado hace varios meses en Honduras, se obligará al gobierno hondureño a pagar el dinero. Oficiales administrativos han repasado muchas veces este caso, y su propuesta es de obtener reparaciones con prontitud.

Se espera que el ministro Hunter presente la demanda por la ya mencionada indemnización, y pida la detención y castigo del asesino inmediatamente al presentarse este a su puesto. Se espera que el gobierno hondureño siga con su vieja política de postergación, pero los Estados Unidos no se lo permitirá, y si el asunto no se arregla dentro de un tiempo razonable, se enviarán buques de guerra para hacer cumplir la demanda.

Fuente: Philadelphia Inquirer

1899-mayo-03

ARREGLO O CASTIGO
Estados Unidos obligará a Honduras a arreglar el caso de Pears.

Washington, 2 de mayo.

Hay razones para creer que la administración propone emplear el caso de Pears y el incidente de Bluefields de forma que aumente el respeto hacia los Estados Unidos en Honduras y Nicaragua.

Aunque aparentemente los gobiernos están deseosos de actuar directamente, sus subordinados han sido culpables de cometer persecuciones sin sentido en contra de ciudadanos estadounidenses, que en muchos casos no llegan a ser el tema de quejas oficiales. La carta que un residente de Honduras le escribió al Departamento de Estado la semana pasada y que se publicó el domingo, muestra el tipo de trato que se les da a los estadounidenses en ese país, y comunicaciones de estadounidenses en Nicaragua indican que han sido sujetos a todo tipo de molestias malintencionadas.

Por lo tanto, el Departamento de Estado ha tomado la determinación de pedir cuentas a los hondureños y nicaragüenses.

Con este objetivo en mente, se ha rechazado la propuesta del gobierno hondureño de que el caso Pears se arregle con un arbitraje, ya que el ministro Hunter ha recibido instrucciones de presionar para un arreglo inmediato. Si la cantidad exigida de indemnización, $10,000, no se recibe en un tiempo razonable, se enviará un escuadrón a Honduras para obligar el pago.

En el asunto de Bluefields, las autoridades han tomado la determinación de remover al General Torres y de que los estadounidenses en ese lugar no pagarán el doble gravamen ordenado.

Fuente: Philadelphia Inquirer

1900-febrero-10

MEDIANTE LA AGENCIA REUTER

El Departamento de Estado entiende que los representantes de Nicaragua y Costa Rica aquí han recibido telegramas expresando la aprobación de sus gobiernos del acuerdo concluido entre el Sr. Hay y Lord Pauncefote en referencia al canal de Nicaragua. Expresiones similares de aprobación han sido recibidas desde Guatemala y Honduras.

Esto se toma como indicativo de que las negociaciones futuras no se encontrarán con obstáculos importantes.

(Lo anterior apareció en nuestra segunda edición de ayer).

Fuente: The London Times

1900-febrero-23

SE PEDIRÁ INDEMNIZACIÓN
El Departamento de Estado piensa que el asesinato de Pears, en Honduras, es injustificado.

Washington, 22 de febrero.

Después de investigar los hechos relacionados con el asesinato del joven estadounidense, Pears, en Honduras, hace un año, el Departamento de Estado ha llegado a la conclusión de que el caso justifica una solicitud formal de indemnización por parte del Gobierno de Honduras, y el ministro Hunter será instruido en consecuencia.

Pears fue asesinado por un centinela al final de una revolución en Honduras. El gobierno dice que desobedeció la orden del centinela de detenerse, pero parece que Pears estaba a una distancia considerable del centinela, que él no entendió la orden, y que fue asesinado fuera de límites, por así decirlo, e injustificadamente, en la opinión de nuestro gobierno.

Se dice que el reclamo de indemnización será de $10,000. Esto parece ser una estimación muy baja del valor de una vida humana, pero los funcionarios del Departamento de Estado señalan que nuestro propio gobierno ha fijado una tasa mucho más baja en los casos en los que ha pagado indemnización por el asesinato de extranjeros.

Fuente: The New York Times

1900-febrero-23

EXIGIRÁ $10,000 DE INDEMNIZACIÓN

Washington, 22 de febrero.

Después de investigar los hechos relacionados con el asesinato del joven estadounidense Pears en Honduras hace alrededor de un año, el Departamento de Estado ha llegado a la conclusión de que el caso merece una solicitud formal de indemnización hacia el gobierno hondureño, y le de darán las instrucciones necesarias al ministro Hunter. Se exigirán diez mil dólares.

Fuente: Philadelphia Inquirer

1900-marzo-03

RECLAMO DE INDEMNIZACIÓN POR EL HOMBRE DE PITTSBURG
Nuestro ministro en Honduras exigirá un arreglo.

Washington, 17 de marzo.

El ministro Hunter, de los Estados Unidos, va de regreso a su puesto con instrucciones de renovar la solicitud hacia el gobierno de

Honduras de llegar a un acuerdo por los reclamos de indemnización debido al asesinato por parte de un centinela de un joven de Pittsburg, Pears, hace un poco más de un año.

Según se informa, el Departamento de Estado no tiene información oficial de ningún intento por parte de uno de los hermanos del hombre muerto de retirar el reclamo a cambio de una gran concesión de madera. Sin embargo, mediante canales no oficiales se ha conocido que se están realizando negociaciones de ese tipo.

Fuente: Philadelphia Inquirer

1900-marzo-18

RECLAMO DE INDEMNIZACIÓN POR EL HOMBRE DE PITTSBURG
Nuestro ministro en Honduras exigirá un arreglo.

Washington, 17 de marzo.

El ministro Hunter, de los Estados Unidos, va de regreso a su puesto con instrucciones de renovar la solicitud hacia el gobierno de Honduras de llegar a un acuerdo por los reclamos de indemnización debido al asesinato por parte de un centinela de un joven de Pittsburg, Pears, hace un poco más de un año.

Según se informa, el Departamento de Estado no tiene información oficial de ningún intento por parte de uno de los hermanos del hombre muerto de retirar el reclamo a cambio de una gran concesión de madera. Sin embargo, mediante canales no oficiales se ha conocido que se están realizando negociaciones de ese tipo.

Fuente: Philadelphia Inquirer

1900-marzo-29

BATALLA LEGAL SOBRE LAS CONCESIONES DE HONDURAS

Trenton, Nueva Jersey, 28 de marzo.

Se presentó hoy aquí en el tribunal de circuito de los Estados Unidos una denuncia por parte de la Honduras Company, una corporación del estado de Georgia, querellante, frente al sindicato de Honduras, una corporación del estado de Nueva Jersey. La denuncia establece que la Honduras Company fue organizada para llegar a cabo obras públicas en Honduras, establecer un banco, financiar la deuda pública del país y construir un ferrocarril interoceánico, bajo concesiones otorgadas por oficiales de Honduras, pero que el sindicato de Honduras, organizado más tarde, había ganado subrepticiamente el control de estas concesiones.

Fuente: Philadelphia Inquirer

1900-marzo-30

EL SINDICATO DE HONDURAS DEMANDADO

Contabilidad exigida y concesión reclamada por compañía de Honduras.

Se ha presentado una demanda de parte de la Compañía de Honduras, de la cual Jacob R. Shipherd es el representante principal, en contra del Sindicato de Honduras, en el tribunal de circuito de los Estados Unidos en Trenton, N.J., para analizar la contabilidad de las ganancias que pueden haberse acumulado en el sindicato bajo una concesión de la República de Honduras, que se supone vale millones de dólares.

El proyecto de ley exige que esta concesión se transfiera a la Compañía de Honduras debido a que fue garantizada por un abuso de confianza. El bufete de abogados de Stetson, Jennings & Russell, junto con Benjamin F. Tracy, son acusados por los demandantes de haber traicionado los planes de la Compañía de Honduras, de los cuales se alega que se informaron como abogados de esa compañía, y de haber conspirado, con Chauncey M. Depew, H. Walter Webb, W. Seward Webb, John Jacob Astor, y otros, para asegurar para ellos mismos el contrato con la República de Honduras, por el cual la Compañía de Honduras había estado negociando. Se dice que este contrato involucra la construcción de un ferrocarril, un subsidio de tierra de millones de acres, el establecimiento de un banco y varios otros valiosos privilegios.

En las oficinas de Stetson, Jennings & Russel, se aseguró ayer que no había habido un abuso de confianza, y que la cuestión principal involucrada en la petición era si los demandantes y los acusadores habían sido socios en el tiempo que la concesión fue asegurada.

Fuente: The New York Times

1900-marzo-31
MARINEROS EN BATALLA CAMPAL
La tripulación del yate estadounidense *Theresa* derrota a las tropas de Honduras enviadas a arrestar al capitán.

Especial para el The New York Times.

Nueva Orleans, 30 de mayo.

Han llegado noticias aquí esta noche de una batalla campal entre la tripulación del yate estadounidense *Theresa*, propiedad de un balandrista de la ciudad de Nueva York, y un grupo de soldados de Honduras hispana. La batalla fue resultado de un esfuerzo de las tropas hondureñas para arrestar al capitán del *Theresa*, quien, se dice, escapó de la prisión del gobierno en Trujillo, Honduras hispana, después de haber sido encarcelado allí por varios días por el supuesto robo de una cantidad de polvo de oro.

Las tropas estaban bajo el mando del sargento Ricardo, y fueron transportadas a la isla de Utila, donde el *Theresa* y su capitán estaban. El gobierno había sido informado del paradero del capitán e hizo costosas preparaciones para arrestarlo. La *Tidal Wave*, una lancha perteneciente a Darrel Morgan, un comerciante de Trujillo, fue presionada para llevar a las tropas a Utila.

Ante la llegada de los soldados, el capitán del *Theresa* fue ordenado a rendirse, pero, en su lugar, reunió a su tripulación y ofreció resistencia terca. Se libró una fuerte pelea por varias horas, y las tropas de Honduras fueron derrotadas. Dos hombres murieron y cuatro fueron heridos, incluyendo a Allen Jackson, capitán del *Tidal Wave*, que fue herido en el brazo.

El capitán Jackson fue enviado de vuelta a Trujillo por refuerzos, pero, antes de que llegaran, el *Theresa* y su capitán escaparon.

En el registro de yates de Manning para el año de 1900, el propietario del *Theresa* se presenta como Gustavus Sidenberg, un agente de bolsa que vive en 48 West Fifty-sixth Street.

Fuente: The New York Times

1900-noviembre-01

DEUDAS DE CENTROAMÉRICA
Nicaragua debe menos per cápita y Honduras, por mucho, debe más.

Managua, Nicaragua, 16 de octubre.

El per cápita de la deuda externa adeudada por los países centroamericanos, según lo informado recientemente al Gobierno de Nicaragua por el sindicato de tenedores de bonos extranjeros de Londres, Inglaterra, es el siguiente:

Per cápita de la deuda externa			
País	Millas cuadradas	Población	£. S. D.
Nicaragua	50,000	428,000	0-13-0
El Salvador	7,225	803,524	0-18-0
Guatemala	48,300	1,535,000	1-0-5
Costa Rica	23,000	268,000	7-15-7
Honduras	43,000	398,000	45-17-5

La deuda de Honduras incluye los £6,000,000 a £7,000,000 reclamados por los ingleses en bonos declarados por honduras que fueron emitidos fraudulentamente o robados de Honduras por una banda de estafadores hondureños e ingleses y colocados en el mercado británico muchos años atrás.

La deuda de Nicaragua y un fondo anual de amortización de más del 1 por ciento están protegidos por un arancel de exportación de un centavo de oro por libra sobre el café. Esto paga los intereses en la deuda de Nicaragua y habilita al gobierno a comprar y cancelar más del 1 por ciento de su deuda pendiente anualmente.

Fuente: The New York Times

1900-noviembre-08

DIEZ MIL DÓLARES PARA LA FAMILIA PEARS

Washington, D. C., 7 de noviembre.

El secretario Hay ha sido notificado de que el gobierno de Honduras ha decidido pagarle a la familia de Frank Pears, el hombre joven de Pittsburg que murió de un disparo durante una revolución en Honduras, los $10,000 que fueron exigidos por este país.

Fuente: Philadelphia Inquirer

www.ingramcontent.com/pod-product-compliance
Lightning Source LLC
Chambersburg PA
CBHW071153130626
46553CB00004B/1636